Le Livre des merveilles du monde

Marco Polo

Le Livre des merveilles du monde

Nouvelle traduction de Jean-François Kosta-Théfaine

Introduction

Parti de Venise en 1271 pour n'y revenir qu'en 1295, Marco Polo a passé vingt-quatre ans en Asie, dont dix-sept au service du grand Khan. Né à Venise en 1254, mort en 1324, Marco Polo est issu d'une famille de négociants. En effet, l'aîné de ses oncles, Marco l'Ancien, tenait un comptoir à Soudak, en Crimée, tandis que son père, Nicolo, et un autre de ses oncles, Maffeo, faisaient du commerce avec l'Orient. Les frères Polo – Nicolo et Maffeo – effectuent leur premier voyage vers 1260, se rendant à Constantinople, puis à Soudak pour, par la suite, s'enfoncer dans les territoires mongols. Ils rencontrent Khoubilaï Khan vers 1261, qui les charge d'une mission auprès du pape Clément IV (1265-1268). Lorsqu'ils arrivent à Acre en 1268, ils découvrent que le pape est décédé. Ils décident alors de rentrer chez eux à Venise. De retour dans cette dernière, Nicolo apprend le décès de son épouse et découvre son fils, Marco, alors âgé d'une quinzaine d'années. Après un séjour de deux ans dans la cité lacustre, ils repartent, accompagnés du jeune Marco cette fois. Ce second voyage les conduit de nouveau à Acre où ils rencontrent le légat du pape, qui sera le futur pape Grégoire X (1271-1276), qui leur confie des lettres destinées au grand Khan. Ils quittent Laïas vers 1272 et arrivent en Chine en 1275. Après un long séjour en Chine à la cour mongole, ils prennent la mer en 1291 pour se rendre en Perse où ils arrivent en 1293. Puis ils se dirigent vers la mer Noire à Trébizonde. Enfin, ils retournent à Venise en 1295. C'est en 1298, prisonnier à Gênes après la bataille de Cuzzola, que Marco Polo commence à dicter le récit de son voyage à Rusticien de Pise, auquel il fut donné comme titre : *Le Livre des merveilles du monde*[1]. On ne sait pratiquement rien sur

---

1. Le titre du livre de Marco Polo est variable selon les manuscrits : *Milione*, *La Description du Monde*, *Le Livre du grand Khan de Tartarie*, etc.

Rusticien de Pise, si ce n'est qu'il était vraisemblablement un familier de la cour d'Angleterre, et qu'il est l'auteur d'une compilation d'aventures arthuriennes rédigée en prose entre 1272 et 1298 : *Gyron le Courtois avecque la devise des armes de tous les chevaliers de la Table Ronde.* Il a également composé un autre texte intitulé, celui-ci : *Meliadus de Leonnoys. Ensemble plusieurs autres nobles prouesses de chevalerie faictes par le Roy Artus, Palamedes et Galliot du Pré.*

Le Livre des merveilles du monde connut une diffusion rapide et considérable. Il est, on ne peut le nier, d'une richesse considérable concernant les informations qu'il véhicule sur ces contrées lointaines visitées par notre voyageur. Le livre de Marco Polo, tout en s'apparentant très certainement à une sorte de curieux amalgame d'observations directes et de fables héritées de diverses traditions, n'en reste pas moins un texte original et qui, d'une certaine manière, peut être considéré comme unique.

Dessein et composition du *Livre des merveilles du monde*

L'objectif du livre de Marco Polo nous est donné dès les premières lignes du Prologue : « Pour connaître la pure vérité sur les diverses régions du monde, prenez ce livre et lisez-le ». S'il se propose de nous faire découvrir différentes parties du monde, il ne s'agit cependant pas de n'importe lesquelles mais, comme le précise la suite du texte, « de la grande Arménie, de la Perse, des Tartares, de l'Inde et de bien d'autres pays ». Ce texte, qui compte quelque 200 chapitres, va donc entraîner le lecteur à la découverte des contrées de l'Asie centrale, de la Perse ainsi que de l'Extrême-Orient. Il constitue, même si tout le monde n'est pas de cet avis [1] et qu'il n'a pas tous les aspects conventionnels du genre, un récit de voyage et, plus important encore, le premier rédigé en français [2]. De même, n'en déplaise à ses

1. Voir à ce propos J. Heers, « De Marco Polo à Christophe Colomb : comment lire le *Devisement du monde* ? », *Journal of Medieval History*, vol. 10, n° 2, 1984, pp. 125-143.
2. Il existe, en effet, deux autres récits de voyage antérieurs à celui de Marco Polo, mais qui ont été rédigés en latin : il s'agit de ceux de Jean du Plan Carpin et de Guillaume de Rubrouck.

détracteurs – l'érudite Britannique Frances Wood en tête [1] –, qui persistent à entretenir le doute quant à l'authenticité du voyage de Marco Polo, principalement à cause de petites omissions de la part du voyageur – pieds bandés des femmes, utilisation des baguettes, consommation de thé... [2] –, ce récit n'en reste pas moins un texte à la fois extraordinairement riche d'informations, foisonnant de descriptions en tout genre et nourri d'un certain nombre d'anecdotes. La composition du texte est relativement simple : elle est formée, tout d'abord, de ce que le texte nomme un « prologue » qui regroupe les dix-huit premiers chapitres. Ce même prologue se divise en deux parties, puisqu'il traite du premier voyage, sans Marco, des frères Polo (chap. 1-9) et de leur second, qui se fait avec Marco Polo cette fois (chap. 10-19). Ce prologue a son importance, car il apporte un certain nombre d'informations sur Marco Polo : sa vie auprès du Khan, les missions dont ce dernier l'a chargé, ainsi que les conditions de rédaction du texte. Le récit du voyage commence à proprement parler à partir du chapitre 19. Chacun des chapitres qui suit est alors consacré à une contrée traversée par le voyageur : ainsi, villes, régions ou royaumes sont l'objet d'une description minutieuse. Rédigé sous la forme d'une espèce de notice, ce sont toujours les mêmes éléments qui sont relevés : nom du lieu, distance qui le sépare du précédent, religion des habitants, us et coutumes, éléments historiques, climatiques et merveilles s'il y en a. En somme, on pourrait considérer que chaque chapitre correspond à une

1. F. Wood, *Did Marco Polo go to China ?*, Boulder, Westview Press, 1995. L'ouvrage de F. Wood a suscité quelques articles se faisant l'écho, avec vraisemblablement un certain plaisir, des thèses de l'érudite britannique : T. H. Barrett, « Wall ? I saw no Wall », *London Review of Books*, vol. 17, n° 23, 30 novembre 1995, p. 28 ; I. Landry, « La Chine fantôme de Marco Polo », *Le Monde*, 5 avril 1996, p. II ; J.-P. Drège, « Marco Polo n'est jamais allé en Chine ! », *L'Histoire*, 199, 1996, pp. 6-7 ; et A. Peter, « Marco Polo est-il un faussaire ? », *L'Histoire*, 237, 1999, pp. 21-22. Notons, dans un même ordre d'idée, la thèse avancée par David Selbourne qui soutient qu'un certain Jacob, négociant juif d'Ancône, serait parvenu en Chine trois à cinq ans avant Marco Polo (voir Jacob d'Ancône, *La Cité de lumière*, texte établi et annoté par D. Selbourne, traduit de l'anglais par P.-E. Dauzat, Paris, Fayard, 2000, ainsi que l'article de J. Chesnaux, « Marco Polo détrôné ? », *La Quinzaine littéraire*, 788, 1er au 15 juillet 2000, pp. 24-25).
2. Le doute entretenu à l'égard de Marco Polo touche également d'autres domaines. En est pour preuve le dossier intitulé « Contre Marco Polo : une histoire comparée des pâtes alimentaires », éd. B. Laurioux, O. Redon et B. Rosenberger, *Médiévales*, 16-17, 1989, pp. 25-100. Ce dossier est complété par un autre article publié deux ans plus tard : G. Blue, « Marco Polo et les pâtes », *Médiévales*, 20, 1991, pp. 91-98.

sorte de fiche technique du lieu traversé. L'organisation de l'ensemble, simple et répétitif en apparence, est souvent brouillée par, pour reprendre l'expression de Philippe Ménard, « quelques impressions de désordre[1] ». Il est vrai que l'auteur pratique fréquemment l'art de la digression, principalement caractérisée par ses retours en arrière. Cette façon de procéder, qu'elle soit volontaire ou non, donne une certaine scansion au texte qui, même si elle perturbe parfois la lecture du récit, participe du voyage et lui confère un degré de réalité plus important.

Il y a, en outre, un désir manifeste de la part de l'auteur ou du rédacteur – Marco Polo / Rusticien de Pise – d'aiguiser notre curiosité. En effet, cette dernière est renforcée par l'annonce systématique, dès le prologue, de nous proposer de tout nous dire, d'une part, et par la manière dont l'élément merveilleux est abordé, d'autre part. Le prologue est révélateur à cet égard, puisque l'on peut y lire que le texte va traiter de « très grandes merveilles », sans toutefois donner plus de précisions les concernant, entretenant alors une espèce de mystère. Mais comme si cette simple mention n'était pas suffisante, il nous est précisé que l'on va également nous conter des choses que Marco Polo « ne vit pas, mais qu'il apprit de personnes dignes de foi ». D'aucuns seraient très certainement tentés d'interpréter cela comme un véritable jeu confinant à la mystification. Cependant, il n'en est rien, et il faut admettre que cette façon de procéder, c'est-à-dire de nous avouer, avec le plus grand naturel qui soit, que Marco Polo va nous parler de ce qu'il a vu, mais également de ce qu'il a entendu ou du moins de ce qu'on lui a raconté, ne fait que participer au merveilleux. Cela l'entretient et lui donne même un certain intérêt ; il importe peu, finalement, de savoir si ce que l'on va nous raconter est vrai ou non, le seul objectif de ce récit étant dès lors de nous surprendre.

Le récit des merveilles ne nous est pas donné aussi rapidement que le prologue aurait pu le faire espérer. Le merveilleux n'est en effet pas dévoilé d'emblée, mais il est toutefois largement suggéré par une utilisation excessive et redondante du mot « merveille », ce qui a pour effet de véritablement insister sur le caractère à la fois important et exceptionnel du récit, car derrière l'utilisation du substantif « merveille », c'est l'étrangeté, voire l'inconnu, que l'on tente de désigner. L'attente de découvrir le merveilleux va dès lors

1. Marco Polo, *Le Devisement du monde*, édition critique publiée sous la direction de Ph. Ménard, Genève, Droz, 2001, tome I, p. 97.

se faire dans une atmosphère qui s'y prête et qui lui est proche.

Le style du *Livre des merveilles du monde*

Décrire la merveille ou du moins ce qui peut apparaître comme telle est une chose ; en revanche, réussir à y faire adhérer le lecteur en est une autre. Pour ce faire, on trouve dans *Le Livre des merveilles du monde* toute une rhétorique particulière : « rhétorique de l'extraordinaire »[1], selon la formule de Philippe Ménard, ou rhétorique du fabuleux. Ainsi, de loin en loin, le texte ne cesse de justifier la véracité de ce qui nous est conté, en répétant le syntagme « il est voirs » (il est vrai). Le procédé de l'énumération est également utilisé, laissant alors très souvent au lecteur le sentiment de découvrir quelque chose de véritablement extraordinaire, voire parfois d'unique. Les accumulations de données, relativement proches du catalogage, tendraient à nous faire croire qu'il y a de la part du rédacteur ou de l'auteur un désir d'exhaustivité. Mais ce procédé permet, en même temps, de donner au texte une véritable authenticité quant à son contenu. Le texte est aussi assez régulièrement emphatique et use pour cela, de manière récurrente et parfois même abusive dans sa version en ancien français, aussi bien de l'adjectif « moult » (beaucoup) que de l'adjectif de « grant » (grand). De même, « la rhétorique du nombre », selon la formule de Michèle Guéret-Laferté[2], est également à l'œuvre dans le texte, qui fourmille d'importantes données numériques, comme nous le verrons plus loin. Même si toute cette rhétorique du fabuleux, mise en place dans *Le Livre des merveilles du monde*, peut avoir tendance à alourdir certains passages du récit ou du moins à en rendre le style quelque peu malhabile, il faut peut-être considérer cette manière de procéder comme une sorte de trouvaille, car elle donne ainsi la possibilité au texte de véritablement atteindre son objectif : celui de nous émerveiller.

Il y a, dans *Le Livre des merveilles du monde*, un problème qui se pose quant à l'identité de celui ou de ceux qui s'expriment dans le texte. En effet, qui, du rédacteur ou de l'auteur,

---

1. *Ibid.*, p. 106.
2. M. Guéret-Laferté, *Sur les routes de l'Empire mongol : ordre et rhétorique des relations de voyage aux XIIIᵉ et XIVᵉ siècles*, Paris, Champion, 1994, p. 250.

dit « je »[1] ? Il faut admettre qu'il y a, dans *Le Livre des merveilles du monde*, un habile jeu polyphonique, entre le « mélange des voix[2] » de Rusticien de Pise et de Marco Polo. Outre le problème concernant l'identité du « je » qui s'exprime dans le récit, il y a aussi, comme l'a montré Dietmar Rieger[3], une certaine complexité dans l'utilisation du pronom « nous », qui peut aussi bien désigner le voyageur associé au rédacteur, que simplement représenter un « nous » de majesté ou bien même de modestie. Il faut en outre souligner la fréquente utilisation de l'indéfini « on ». Il semblerait que, dans certains cas, il soit possible d'identifier Marco Polo, derrière l'utilisation de la troisième personne du singulier, et le rédacteur, dans d'autres cas, lors de l'utilisation de la première personne du singulier. En d'autres termes, une grande ambiguïté subsiste tout au long du récit qui, la plupart du temps, laisse un véritable doute quant à l'identification certaine de la voix qui s'exprime.

Le style de Rusticien de Pise est, comme l'a déjà observé Philippe Ménard, « assez simple[4] ». Rusticien a vraisemblablement mis plus d'application à composer son roman arthurien qu'à rédiger le récit de Marco Polo. Il y « rapporte, selon la formule de Philippe Ménard, avec sécheresse ce que lui apprend le voyageur[5] ». Il n'envisage pas et ne fait pas non plus ici véritablement œuvre de création. Les aspects parfois « bruts » du récit sont principalement dus au fait que l'objectif premier du livre de Marco Polo est de faire le récit d'un voyage et d'offrir simplement au lecteur ce que Marco Polo « avait vu et entendu de manière certaine ».

Il semble peu probable, par ailleurs, que l'on puisse distinguer dans le récit le style du copiste de celui de l'auteur. En revanche, il est possible d'observer l'utilisation d'un certain nombre de formules qui, comme l'a souligné Friedrich Wolfzettel, « rappelle évidemment une longue tradition épi-

1. Voir V. Bertolucci Pizzorusso, « Enunciazone e produzione del testo nel *Milione* », *Studi Mediolatini e Volgari*, 25, 1977, pp. 5-43.
2. Nous empruntons cette expression à Philippe Ménard, in Marco Polo, *Le Devisement du monde*, éd. critique sous la direction de Ph. Ménard, *op. cit.*, p. 102.
3. D. Rieger, « Marco Polo und Rustichello da Pisa. Der Reisende und sein Erzähler », in *Reisen und Reiseliteratur im Mittelalter und in der Frühen Neuzeit*, herausgegeben von X. von Ertzdorff und D. Neukirch unter redaktioneller Mitarbeit von R. Schulz, Amsterdam-Atlanta, Rodopi, 1992, pp. 289-312.
4. Marco Polo, *Le Devisement du monde*, édition critique publiée sous la direction de Ph. Ménard, *op. cit.*, p. 105.
5. *Ibid.*, p. 105.

que et romanesque[1] ». En effet, nous trouvons de loin en loin dans *Le Livre des merveilles du monde* la présence de formules telles que « sachiés que » (sachez que), « or puis que je vous ai conté » (puisque je vous ai raconté). Ainsi, on peut signaler l'utilisation assez fréquente de l'adresse à l'auditoire, pour ouvrir un chapitre, ou bien dans un paragraphe, pour tenter d'insister sur la véracité de ce que l'on nous raconte. Ces formules servent, ailleurs, à conclure un chapitre et à en introduire un autre, ou bien plus simplement pour revenir au sujet dont il est question. Un autre type de formule est également utilisé dans le texte, comme celui présenté sous forme de question : « Et pourquoi vous en feroye je lonc compte ? » (pourquoi m'étendrais-je sur le sujet ?) ou « Et que vous en diroie je ? » (que vous en dirais-je ?). Il faut reconnaître qu'il y a, dans le livre de Marco Polo, l'utilisation de « tours romanesques » que l'on peut retrouver aussi bien dans le roman arthurien de Rusticien de Pise que dans n'importe quel autre texte du même genre. Cependant, ces formules, qui servent d'ordinaire à l'articulation sinon à la mise en place du texte, semblent, dans certains cas, dans *Le Livre des merveilles du monde*, avoir un ton particulièrement didactique, permettant alors, peut-être, au récit d'avoir un certain crédit.

L'écriture du livre de Marco Polo reflète, d'une manière générale, une apparente simplicité. Cependant, il émerge tout de même derrière celle-ci une sorte d'astuce poétique qui donne parfois au *Livre des merveilles du monde* un aspect non dénué d'une poésie certaine.

De la découverte de la merveille...

Quelles sont donc ces merveilles dont Marco Polo a été le témoin ? Elles sont de deux sortes : il y a celles qui révèlent un caractère extraordinaire sans pour autant être prodigieux et celles qui sont constituées par ce qui s'avère être la réalité de l'« autre ».

Les merveilles qui apparaissent à la fois comme les plus surprenantes et les plus intéressantes sont certainement celles issues de légendes, mais que l'on nous donne comme étant des réalités constitutives des contrées traversées par

---

1. F. Wolfzettel, *Le Discours du voyageur. Le récit en France, du Moyen Âge au XVIIIe siècle*, Paris, PUF, 1996, p. 26.

les voyageurs. Leur intérêt réside dans le fait qu'elles relèvent d'un mélange de diverses légendes tant occidentales qu'orientales. Il en est ainsi du récit du Miracle de la Montagne qui se déplace, qui, à l'origine, procède d'une légende copte. Le récit de ce miracle a, en outre, été inséré dans bien d'autres textes et relaté de façon plus ou moins synthétique et en étant parfois quelque peu calqué sur le texte de Marco Polo. Le Miracle de la Montagne est, en outre, rappelons-le, une parabole biblique qui se trouve dans l'Évangile de Matthieu (Mt 17, 20), et qui est aussi rapportée par Luc (Lc 17, 6) en un autre contexte et avec une légère variante. Par ailleurs, le motif du savetier qui se crève les yeux et qui est celui qui, chez Marco Polo, réussit à déplacer la montagne est aussi le fruit d'une légende exploitée dans d'autres textes. Il en est de même des adorateurs de feu ainsi que des rois Mages, mais la tradition de ces derniers est différente chez les chrétiens d'Orient et chez ceux d'Occident. Dans le récit qu'il en fait, Marco Polo mélange manifestement diverses croyances, puisqu'il mentionne à travers le changement d'âge du nouveau-né et des adorateurs de feu, deux éléments zorvastriens, tandis que lorsqu'il nous parle de cette pierre magique dont les mages ne comprennent la signification que tardivement, il évoque un élément chamanique. En somme, le texte de Marco Polo pourrait, dans certains cas, se résumer à une sorte de fusion de diverses croyances. De plus, le livre de Marco Polo fait également le récit de la mort du Calife qui est enfermé dans une tour et n'a que son trésor pour toute nourriture. Cette histoire, qui emprunte ses sources à la fin du dernier Calife de Bagdad, est également rapportée aussi bien par Joinville que par Hayton. Le récit du voyageur vénitien regorge encore de bien d'autres légendes, comme celle du Vieux de la Montagne et de ses assassins, qui se trouve également chez Odoric de Pordenone qui en offre une version plus courte, moins détaillée mais similaire, ou bien encore chez Joinville. On ne peut manquer de signaler également ce phénomène insolite et alors merveilleux pour Marco Polo et ses lecteurs contemporains, mais que nous pouvons, nous, modernes, expliquer rationnellement. Il s'agit de celui que le voyageur rencontre dans la grande Arménie : une fontaine de laquelle jaillit une huile en grande quantité et que l'on fait brûler. Le lecteur moderne comprend sans peine qu'il s'agit tout simplement d'un gisement de pétrole...

... à la découverte de l'« autre »

Il y a un autre élément qui, en un sens, participe du merveilleux : les descriptions du mode de vie des habitants rencontrés[1]. Le texte n'est, en effet, pas avare d'un grand nombre de détails concernant leur quotidien. Tous ces éléments constituent, à n'en pas douter, quelque chose d'extraordinaire pour un lecteur occidental contemporain de Marco Polo, car il s'agit là, pour lui, d'une découverte. En effet, comment croire qu'il existe de l'autre côté du monde des peuples qui sont à la fois civilisés, vivent dans un pays organisé et possédant tant de richesses ? Voilà une réalité qui, pour inconcevable qu'elle puisse être aux yeux d'un Occidental du Moyen Âge, doit être acceptée comme telle et sans jugement de valeur. Le texte abonde, en effet, de descriptions vestimentaires, physiques, tout en nous instruisant également sur les habitudes alimentaires, sexuelles, voire les rites funéraires des habitants de ces contrées lointaines. Enfin, n'omettons pas de relever, parce qu'ils participent également du merveilleux dans *Le Livre des merveilles du monde*, les éléments exotiques décrits, tels les déserts immenses, les fleuves, la faune et la flore ou bien encore ces animaux qui se distinguent de ceux que l'on trouve en Occident. Cette « réalité de l'autre » qu'évoque le texte contribue au merveilleux qu'il tente de nous donner à lire. Le constat à tirer de tout cela est très certainement celui fait par Stéphane Yerasimos, à savoir que « dans la vision du monde le merveilleux perçu en tant que réel laissera sa place au réel perçu en tant que merveilleux[2] ». Le texte de Marco Polo en est un exemple fidèle.

---

1. Michèle Guéret-Laferté souligne : « La rencontre de l'*autre* est un phénomène complexe, qui met en jeu une série d'opérations, dont chacune est pour nous source de difficultés et de problèmes. D'abord, le regard du voyageur est fortement conditionné par son héritage culturel, ses propres habitudes mais aussi ses connaissances. Reconnaître l'*autre*, c'est le rattacher au connu, et donc travestir son altérité. L'ignorance fait naître la merveille, mais le regard du naïf n'est jamais complètement "innocent". », in M. Guéret-Laferté, *Sur les routes de l'Empire mongol : ordre et rhétorique des relations de voyage aux XIIIe et XIVe siècles, op. cit.*, p. 211.
2. Marco Polo, *Le Devisement du monde - Le Livre des merveilles*, texte établi par A.-C. Moule et P. Pelliot, version française de L. Hambis, Paris, Klincksieck, 1955-Rééd. : avec une introduction et des notes de S. Yerasimos, Paris, La Découverte, 1999, p. 31.

Du livre de géographie...

Le Livre des merveilles du monde, de par les informations qu'il véhicule, a souvent retenu l'attention et des explorateurs et des géographes : il n'y a dès lors rien de surprenant à ce que Christophe Colomb ait emporté avec lui un exemplaire du livre de Marco Polo et que la Société de géographie de Paris en ait donné la première édition savante en 1824. En effet, il faut souligner que les notations dites géographiques, au sens large du terme, sont présentes tout au long du récit de Marco Polo. Le texte nous offre, à diverses reprises, un certain nombre de détails sur la géographie des contrées traversées. Le plus marquant est très certainement celui afférent aux distances qui, parfois, même souvent, relèvent, selon l'expression de Michel Mollat, d'« exagération numérique[1] ». Il y a, en effet, un véritable désir de mettre en avant de façon manifeste la distance qui sépare les villes les unes des autres et qui ont, si l'on ajoute foi au texte, été traversées par les voyageurs. Les distances énumérées sont extraordinaires, comme celles du retour des frères Polo du royaume du grand Khan, qui dura tout de même « bien trois ans et demi ». Mis à part ces distances par voie de mer, il nous est également fait mention de celles parcourues par voie terrestre, qui sont tout aussi conséquentes. Le texte ne cesse, de loin en loin, de nous informer sur un certain nombre de distances qui, parfois, séparent des lieux qui ne sont pas toujours très précis. Il est incontestable que ces notations sont celles d'un voyageur expérimenté car qui, à part ce genre de personne, prendrait un soin tout particulier à relever ce type d'indication ? Nous retrouvons alors cette « rhétorique du nombre » précédemment évoquée et qui, d'une certaine manière, participe du merveilleux. Cependant, les chiffres donnés par le voyageur, si incroyables puissent-ils apparaître dans certains cas, sont introduits de telle sorte qu'ils peuvent tout à fait être réalistes. Ils sont certes nombreux et importants, mais rien ne vient véritablement infirmer leur exactitude. D'autant plus que nous sommes dans des pays lointains et surtout extraordinaires, où tout semble possible.

Les détails topographiques et climatologiques sur les lieux traversés qu'offre *Le Livre des merveilles du monde* sont aussi

---

1. M. Mollat, *Les Explorateurs du XIIIᵉ au XVIᵉ siècle. Premiers regards sur des mondes nouveaux*, Paris, Éditions du Comité des travaux historiques et scientifiques, 1992, p. 134.

importants. Ainsi, le récit nous instruit sur l'étendue des déserts. Dans d'autres passages du texte, les descriptions géographiques portent sur quelques détails constitutifs de paysages bien précis comme celui de Bagdad où « un très grand fleuve traverse cette ville qui permet d'aller à l'Océan Indien, qui se trouve à dix-huit jours de Bagdad ». Le texte nous instruit aussi sur la constitution de certains royaumes, l'exemple le plus marquant étant très certainement celui de la Perse dont les informations données par Marco Polo peuvent presque paraître incroyables. *Le Livre des merveilles du monde* est, loin s'en faut, peu avare de détails s'agissant de la géographie des contrées traversées. Le lecteur peut avoir le sentiment que les descriptions qui lui sont faites relèvent de la quasi-exhaustivité. Le texte ne semble pas, en effet, proposer une énumération faite à la hâte, qui tenterait alors de soumettre au lecteur un catalogue des villes traversées. Il semblerait, au contraire, que dans quelques cas une certaine forme de cohérence hiérarchique soit à l'œuvre, comme il est possible de la remarquer, par exemple, s'agissant des villes chinoises [1].

... au manuel de marchand

L'aspect commercial des préoccupations de Marco Polo est très régulièrement présent dans le récit. Les Polo sont certes des voyageurs, mais ils sont avant tout des marchands, et cette caractéristique qui leur est propre transparaît assez régulièrement au travers du texte. Il semblerait qu'il y ait, pour le voyageur, un véritable souci d'indiquer les détails économiques des contrées traversées, avec une intention pragmatique sous-jacente. Le regard du narrateur est, incontestablement, celui d'un homme de commerce, les exemples à cet égard sont nombreux. Il s'arrête, en effet, sur des détails qui, pourrait-on dire, l'intéressent certainement plus lui-même que son lecteur. Nous pouvons observer plusieurs types de remarques concernant le commerce et qui

1. Voir à ce sujet C. Deluz, « Ville et organisation de l'espace : la Chine de Marco Polo », in *Villes, bonnes villes, cités et capitales. Études d'histoire urbaine (XIIᵉ-XVIIIᵉ siècles) offertes à Bernard Chevalier*, textes réunis par Monique Bourin, Tours, Publications de l'université de Tours, 1989, pp. 161-168.

tendraient à prouver qu'il s'agit bien de celles provenant d'un marchand professionnel. On ne saurait, du reste, s'étonner, comme le rappelle Valeria Bertolucci Pizzorusso, du fait que « la réduction opérée vers 1309 par le traducteur toscan se présente avant tout comme une orientation du texte en fonction des intérêts des milieux marchands, alors en plein essor [1] ». Il y a dans *Le Livre des merveilles du monde* un réel désir d'insister sur les lieux de production qui se trouvent dans certaines des régions traversées, ce qui lui confère, dès lors, véritablement un objectif pragmatique. Le texte propose, en effet, un relevé quasi exhaustif des lieux de production rencontrés. Les informations relevées sont exemplaires et importantes car elles nous montrent à quel point le voyageur a pu s'intéresser aux productions des régions qu'il rencontrait, puisqu'il connaît le nom donné aux draps de soie produits dans telle région ou bien encore le nom de ceux produits dans telle autre, voire la dénomination de certains marchands. Le texte attire également notre attention sur le fait que la production de certaines régions possède une grande réputation qui est connue en Occident. La grande Arménie en fait partie puisqu'on « y fabrique les meilleurs bourgans du monde ». Le lecteur occidental découvre alors que, dans ces contrées lointaines, on est capable de produire un artisanat d'une grande finesse, ou bien encore que l'on sait y fabriquer tout ce qui est nécessaire à un cavalier, ainsi que la manière dont sont construits certains navires. Mais en plus des lieux de production, l'intérêt du voyageur se porte également, et d'une manière certaine, sur l'aspect économique des territoires traversés. La valeur marchande de tel ou tel objet ou bien encore de tel ou tel animal est systématiquement relevée. De même, Marco Polo opère une localisation systématique des centres de commerces.

Malgré un aspect parfois quelque peu formel, une forme de vie émerge toutefois du livre de Marco Polo. Il présente certes quelques défauts, mais il faut être indulgent à son égard et admettre également qu'il possède quelques qualités : des scènes parfois piquantes et des anecdotes qui, quel-

---

1. V. Bertolucci Pizzorusso, « À propos de Marco Polo et de son livre : quelques suggestions de travail », in *Essor et fortune de la chanson de geste dans l'Europe et l'Orient latin. Actes du IXᵉ Congrès international de la Société Rencesvals pour l'étude des épopées romanes, Padoue-Venise, 29 août-4 septembre 1982*, Modène, Mucchi Editore, 1984, t. II, pp. 795-801, (p. 797).

quefois, prêtent à sourire. Le *Livre des merveilles du monde* de Marco Polo est un grand texte qui nous invite à un double voyage : celui qui nous entraîne vers un Orient fabuleux, inconnu et mystérieux, et celui qui nous invite à une part de rêve certaine.

Jean-François KOSTA-THÉFAINE
Paris, le 18 avril 2005

La traduction des extraits du *Livre des merveilles du monde* du présent volume se base sur l'édition savante du texte en ancien français établie par Guillaume Pauthier : *Le Livre de Marco Polo, citoyen de Venise, conseiller privé et commissaire impérial de Khoubilaï-Khaan*, Paris, Firmin Didot, 1865 (rééd., Genève, Slatkine, 1978).

Portrait de Marco Polo

Le livre des merveilles du monde

Voici le livre dont monseigneur Thibault, chevalier, seigneur de Chepoy [1] – que Dieu l'absolve ! –, demanda la copie à messire Marco Polo, bourgeois et habitant de la cité de Venise. Ledit messire Marco Polo, en homme très honorable, bien informé des coutumes de diverses contrées, et ayant de bonnes mœurs, désireux que ce qu'il avait vu fût connu du monde entier, et par respect et en l'honneur du très excellent et puissant prince monseigneur Charles, fils du roi de France, et comte de Valois, offrit et donna au susdit seigneur de Chepoy la première copie de son livre. Il lui était agréable que ce dernier soit présenté et promu en France par un homme si noble. De cette copie que ledit messire Thibault, seigneur de Chepoy, ci-dessus nommé, porta en France, messire Jean, son fils aîné, qui est seigneur de Chepoy depuis le décès de son père, fit faire la première copie de ce livre depuis que ce dernier fut apporté en France, et la donna à son très cher et très redouté seigneur, monseigneur de Valois. Depuis lors, il en a offert d'autres à ses amis qui lui en ont demandé.

Cette copie fut donnée par ledit messire Marco Polo audit seigneur de Chepoy, lorsque ce dernier se rendit à Venise, sur la requête de monseigneur de Valois et de sa femme l'impératrice qu'il représentait tous deux dans l'Empire de Constantinople.

Cela fut fait en l'an de l'incarnation de Notre Seigneur Jésus-Christ 1307, au mois d'août.

---

1. Le sénéchal Thibault de Chepoy, au service de Charles VI, fut envoyé à la conquête du royaume de Constantinople en 1306.

Pour connaître la pure vérité sur les diverses régions du monde, prenez ce livre et lisez-le : vous y trouverez les très grandes merveilles qu'il contient au sujet de la grande Arménie, de la Perse, des Tartares, de l'Inde et de bien d'autres pays, tout comme notre livre vous les racontera méthodiquement ; merveilles que Marco Polo, sage et illustre citoyen de Venise, raconte pour les avoir vues. Il y a cependant des choses qu'il ne vit pas, mais qu'il apprit de personnes dignes de foi. C'est la raison pour laquelle nous conterons les choses vues pour vues, et celles entendues pour entendues, afin que notre livre soit juste et sincère, sans nul mensonge. Chacun qui entendra ce livre ou le lira doit le croire, car il ne comporte que des éléments véridiques. Je vous fais savoir que, depuis que Notre Seigneur Dieu a créé Adam notre premier père, il ne fut aucun homme d'aucune race qui parcourut autant les diverses parties du monde, qui les connut ainsi que ses merveilles, que ce messire Marco Polo. C'est la raison pour laquelle il crut qu'il serait dommageable de ne pas mettre par écrit ce qu'il avait vu et entendu de manière certaine, afin que d'autres qui ne les avaient ni vu ni en avaient entendu parler, l'apprennent grâce à ce livre. J'ajoute aussi qu'il s'informa sur ces diverses régions du monde durant quelque vingt-cinq années, et a fait mettre ce livre en ordre dans sa prison de Gênes par messire Rusticien de Pise, lequel était dans la même prison, en l'année de l'incarnation du Christ 1298.

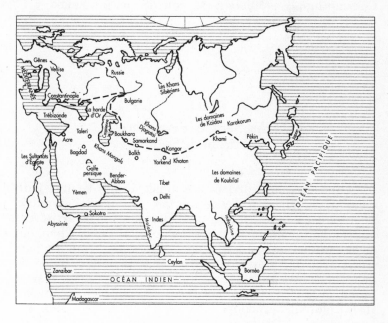

Voyage de Nicolo et Maffeo Polo

I

Comment les deux frères partirent de Constantinople pour découvrir le monde

Il est vrai que du temps où Beaudoin[1] était empereur de Constantinople, c'était en l'an du Christ 1250, messire Nicolo Polo, qui était le père de monseigneur Marco, et messire Maffeo, qui était le frère de messire Nicolo, étaient partis de Venise pour Constantinople afin de faire du commerce. Ils étaient assurément sages et prudents, et décidèrent d'un commun accord de se rendre à la mer Noire pour faire du profit. Ils achetèrent nombre de joyaux et quittèrent Constantinople, et allèrent par voie de mer à Soudak.

II

Comment les deux frères partirent de Soudak

Quand ils furent arrivés à Soudak, il leur sembla judicieux, après réflexion, d'aller plus loin. Ils quittèrent Soudak, se mirent en route et chevauchèrent tant qu'ils arrivèrent auprès d'un seigneur tartare qui s'appelait Berké Khan, qui se trouvait à Sarey et à Bolghar. Ledit Berké reçut les deux frères avec une grande déférence et se montra heureux de leur venue. Ils lui offrirent tous les joyaux qu'ils avaient portés avec eux, et le seigneur les accepta bien volontiers. Ils lui plurent beaucoup, et il leur en fit donner deux fois leur valeur.

Après être restés un an auprès du seigneur, une guerre éclata entre Berké et Hulegu, le seigneur des Tartares du Levant. Les armées étaient, de part et d'autre, considérables, mais au final, c'est Berké, le seigneur des Tartares du Couchant, qui fut vaincu. Les morts furent, dans les deux camps,

1. Beaudoin II est le dernier empereur de Constantinople. Il régna de 1228 à 1261.

nombreux à cause de cette guerre, et il était impossible à d'aucuns de voyager sans être capturés. Mais ce danger n'était réel que sur le chemin emprunté par les deux frères Polo pour arriver auprès du seigneur. Il était possible d'aller plus loin en toute sécurité, mais pas de faire marche arrière. C'est la raison pour laquelle il sembla judicieux aux deux frères d'aller plus loin encore, puisqu'il leur était impossible de revenir sur leurs pas. Ils quittèrent Bolghar et se rendirent à une ville qui s'appelait Uvek, qui se trouvait aux confins du royaume du seigneur du Couchant. Puis ils partirent de Uvek et passèrent le grand fleuve Volga et traversèrent un désert qui fait dix-sept journées de voyage. Ils ne trouvèrent ni villes ni villages, si ce n'est des Tartares avec leurs tentes et leurs bêtes qui paissaient dans les champs.

III

Comment les deux frères traversèrent un désert et arrivèrent à Boukhara

Quand ils eurent traversé ce désert, ils arrivèrent à une grande et magnifique ville dénommée Boukhara. Le roi de cette dernière s'appelait Barac. Elle était la plus belle de toute la Perse. Une fois arrivés, ils ne purent aller plus loin ni faire marche arrière. Ils y séjournèrent donc trois années. Pendant leur séjour, arrivèrent deux messagers de Huelegu, le seigneur du Levant, qui se rendaient auprès du grand Khan, le seigneur de tous les Tartares du monde. Lorsque ces deux messagers virent les deux frères, ils en furent émerveillés, car personne n'avait jamais vu un Latin [1] dans cette région. Ils dirent aux deux frères : « Seigneurs, si vous nous faites confiance, vous en tirerez profit et honneur. » Ils leur répondirent qu'ils les écouteraient bien volontiers. Les messagers leur dirent : « Le grand Khan n'a jamais vu un Latin, et il a grande envie d'en voir. Aussi, si vous acceptez de nous accompagner et de vous rendre auprès de lui, soyez assurés qu'il vous accueillera avec grand plaisir, et vous traitera avec

---

1. Le terme « Latin » désigne des chrétiens d'Occident.

honneurs et égards. Vous pourrez nous accompagner en toute sécurité, sans avoir à craindre de qui que ce soit. »

IV

Comment les deux frères crurent les messagers pour se rendre auprès du grand Khan

Quand les deux frères furent prêts à partir avec les deux messagers, ils se mirent en route avec ces derniers et chevauchèrent toute une année vers le nord, nord-est, avant d'arriver là où se trouvait le seigneur. Sur leur chemin, ils rencontrèrent diverses merveilles, fort étranges, que nous ne raconterons pas maintenant, car messire Marco, qui les vit aussi, vous les racontera dans ce livre en détail.

V

Comment les deux frères arrivèrent auprès du grand Khan

Quand les deux frères furent arrivés auprès du grand Khan, ce dernier les reçut avec les plus grands égards, les fêta généreusement, et eut une grande joie de leur arrivée. Il leur posa bon nombre de questions : d'abord sur les empereurs et comment ils gouvernent leur empire et leur terre, la manière dont ils font la guerre et bien d'autres choses encore. Puis il les interrogea sur les rois, les princes et les barons.

VI

Comment le grand Khan les interrogea aussi sur les chrétiens et précisément sur le pape

Ensuite il les questionna sur le pape, sur tout ce qui concerne l'Église de Rome, et sur les coutumes des Latins. Les deux frères lui dirent exactement ce qu'il en était, point par point, et de manière méthodique, car ils étaient des hommes d'expérience et connaissaient bien la langue tartare.

VII

Comment le grand Khan envoya les deux frères en mission auprès du pape

Quand le seigneur, qui s'appelait Khoubilaï Khan, qui était le seigneur des Tartares du monde, de tous les pays, royaumes et contrées de cette grande partie du monde, eut entendu tout ce qui concernait les Latins, comme les deux frères lui avaient exposé, il en fut fort heureux. Il eut alors l'idée de les envoyer en mission auprès du pape, et les pria de le faire en compagnie d'un de ses officiers. Les frères Polo lui répondirent qu'ils exécuteraient ses ordres comme ceux de leur seigneur. Khoubilaï Khan fit venir devant lui un de ses officiers qui s'appelait Cogataï, lui dit de se tenir prêt, et qu'il souhaitait qu'il se rende avec les deux frères auprès du pape. Il lui répondit qu'il exécuterait ses ordres du mieux qu'il le pourrait.

Après quoi, le Seigneur fit rédiger une lettre en langue tartare destinée au pape, et la remit aux deux frères et à son officier. Il les chargea de remettre un message au pape. Sachez que la lettre contenait ce qui suit : il faisait dire au pape de lui envoyer jusqu'à cent hommes instruits de notre religion chrétienne qui connussent les sept arts [1], sachant

---

1. Les sept arts dont il est ici question sont ceux du *Trivium* (grammaire, rhétorique, dialectique) et du *Quadrivium* (arithmétique, géométrie, musique, dialectique).

discuter et montrer clairement aux idolâtres [1] et aux gens d'autres confessions, que la religion chrétienne est la meilleure, et que toutes les autres sont mauvaises et fausses. S'ils le prouvaient, lui ainsi que son empire se convertiraient et deviendraient vassaux [2] de l'Église. Il les chargea, en outre, de lui rapporter de l'huile de la lampe qui brûle sur le tombeau de Notre Seigneur à Jérusalem.

Tel était, comme vous venez de l'entendre, le message qu'envoyait le grand Seigneur au pape, par ses trois messagers : l'officier tartare, et les deux frères : messire Nicolo Polo et messire Maffeo Polo.

---

1. Les idolâtres sont des gens qui vénèrent des idoles.
2. Un vassal est une personne qui dépend d'un seigneur.

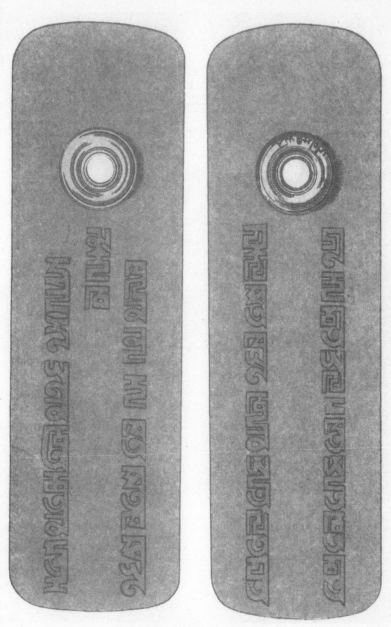

Les tablettes de commandement

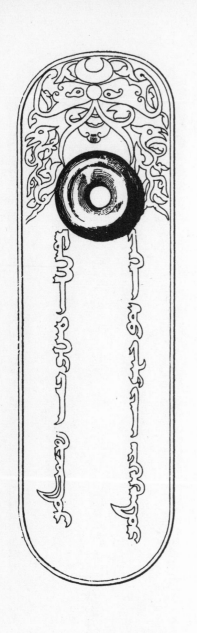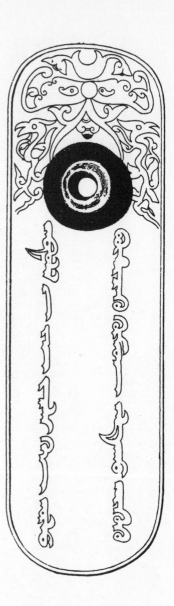

VIII
Comment le grand Khan leur donna
la tablette d'or de son commandement

Après que le Seigneur leur eut confié cette mission, il leur fit donner une tablette d'or [1], sur laquelle il était écrit que les trois messagers, où qu'ils aillent, devraient recevoir tout ce qui leur était nécessaire : chevaux et hommes pour leur sécurité, ainsi que toutes autres choses qu'ils souhaiteraient. Quand ils furent prêts, les trois messagers prirent congé du Seigneur et partirent.

Après quelques jours de chevauchée, l'officier tartare tomba malade. Il ne put alors continuer le voyage, et dut rester là où il était. Il était tellement souffrant qu'il lui était impossible d'aller plus avant. Les deux frères jugèrent préférable de le laisser là, et d'accomplir leur mission ; décision avec laquelle l'officier était d'accord. Ils se mirent donc en route. Je vous affirme assurément que partout où ils allaient, ils étaient servis, obtenaient tout ce dont ils avaient besoin et tout ce qu'ils demandaient. Ils obtenaient cela grâce à la tablette de commandement du seigneur qu'ils avaient avec eux. Ils chevauchèrent tant et si bien qu'ils arrivèrent à Laïas, sise en Arménie. Je vous affirme que leur voyage jusqu'à Laïas dura bien trois années. Cela était dû au fait que parfois ils ne purent chevaucher à cause du mauvais temps, car la neige et les pluies, qui tombaient quelquefois en abondance, ainsi que les grands fleuves qu'ils rencontraient, freinaient leur avancée.

IX
Comment les deux frères
arrivèrent à Acre

Ils partirent de Laïas et arrivèrent à Acre au mois d'avril 1269, et apprirent que le pape nommé *** [2] était mort. Ils se

1. Chaque tablette d'or contenait, sur une face, le nom du souverain qui la délivrait et les prérogatives qui devaient être accordées au porteur de ladite tablette. Toute obéissance non respectée à l'égard du porteur était passible de peine de mort.
2. Le nom du pape est manquant dans tous les manuscrits du texte de Marco Polo. Il s'agit du pape Clément IV, qui mourut le 29 novembre 1268.

rendirent auprès d'un sage ecclésiastique qui était légat [1] du Proche-Orient, et homme de grande autorité, qui s'appelait Tebaldo de Plaisance [2]. Ils lui dirent la mission pour laquelle ils étaient venus ici. Lorsque le légat les eut entendus, il en fut surpris, et il se dit qu'il s'agissait là et d'un grand bonheur et d'un grand honneur pour toute la chrétienté.

Il répondit aux deux frères : « Seigneurs, vous voyez bien que le pape est mort, il vous faudra attendre qu'un autre soit élu. Une fois que cela sera fait, alors vous pourrez délivrer votre message. » Ils virent bien que le légat leur disait la vérité. Ils lui répondirent : « Dans l'intervalle de l'élection d'un nouveau pape, nous avons bien le temps de retourner à Venise voir les nôtres. » Ils partirent d'Acre et allèrent en Eubée, et d'Eubée naviguèrent tant qu'ils arrivèrent à Venise. Quand ils y furent arrivés, messire Nicolo découvrit que sa femme était morte, et qu'elle avait laissé derrière elle un fils de quinze ans qui s'appelait Marco, et dont ce livre parle. Les deux frères demeurèrent deux ans à Venise, en attendant qu'un pape fût élu.

X

Comment les deux frères quittèrent Venise, Marco le fils de messire Nicolo avec eux, pour se rendre auprès du grand Khan

Quand les deux frères eurent attendu autant que vous l'avez entendu, et virent que le pape n'était toujours pas élu, ils dirent qu'ils ne pouvaient désormais rester plus long-temps encore avant de retourner auprès du grand Khan. Ils quittèrent Venise et emmenèrent Marco, puis retournèrent directement à Acre, où ils y trouvèrent ledit légat. Ils lui parlèrent longuement de la situation, et lui demandèrent l'autorisation de prendre congé de lui afin d'aller à Jérusalem chercher de l'huile du Tombeau du Christ, afin d'en rappor-

1. Le légat est un envoyé spécial du pape.
2. Le nom du légat est Tabaldo Visconti de Piacenza. Il a été élu pape le 1er septembre 1271 pendant qu'il était légat de Clément IV en Palestine, et est mort en 1276 à Aresso.

ter au grand Khan comme il le leur avait demandé. Le légat les autorisa à partir. Ils quittèrent Acre et allèrent à Jérusalem, obtinrent de l'huile de la lampe du Tombeau, et s'en revinrent une fois de plus à Acre. Ils retrouvèrent le légat et lui dirent : « Puisque nous voyons qu'aucun pape n'est élu, nous souhaitons alors retourner auprès du grand Khan, car nous avons déjà trop attendu et suffisamment tardé. » Le légat leur répondit : « Puisque vous souhaitez repartir, je suis d'accord. » Il fit rédiger des lettres destinées au grand Khan, qui attestaient que les deux frères étaient bien venus afin d'accomplir leur mission, mais que faute de pape élu, ils n'avaient pu le faire.

XI

Comment les deux frères,
Marco avec eux, quittèrent Acre

Quand les deux frères eurent les lettres du légat, ils quittèrent Acre pour retourner auprès du grand Khan, et se rendirent à Laïas. Quand ils furent arrivés, il ne s'écoula guère de temps avant que le légat dont nous avons précédemment parlé fût élu pape à Acre. Il s'appelait désormais Grégoire de Plaisance[1]. Les deux frères en furent très heureux. Il arriva, sur ce, d'Acre, envoyé par le légat qui était à présent pape, un messager qui les informa de par le pape qu'ils ne devaient pas continuer leur route, mais revenir auprès de lui aussitôt. Que vous dire ? Le roi d'Arménie mit à la disposition des deux frères et des messagers une galère, et les envoya en Acre auprès du pape.

---

1. Il s'agit du pape Grégoire X.

XII

Comment les deux frères arrivèrent auprès du pape

Quand ils furent arrivés à Acre, traités avec beaucoup d'égards, ils allèrent auprès du pape, et se prosternèrent longuement devant lui. Le pape les reçut avec de grands égards, se montra heureux et les fêta énormément, puis leur donna sa bénédiction. Après, il mit à leur disposition deux frères prêcheurs pour se rendre auprès du grand Sire pour accomplir cette mission. Ils étaient assurément les plus savants clercs qui fussent en ce temps-là. L'un s'appelait Nicolas de Vincence et l'autre frère Guillaume de Tripoli [1]. Il leur donna des privilèges et des lettres, et la réponse à leur message qu'ils portaient au grand Seigneur. Quand ils eurent ce qu'il fallait, ils prirent congé du pape avec sa bénédiction, partirent tous les quatre ensemble d'Acre, avec eux Marco, le fils de messire Nicolo, et se rendirent à Laïas.

Quand ils furent arrivés, Baïbar, le sultan d'Égypte, entra en Arménie avec une grande armée de musulmans et causa de grands dommages dans la région. Ces messagers furent en grand danger d'être tués ou capturés. Aussi, lorsque les deux frères prêcheurs virent cela, ils eurent très peur de

1. Guillaume de Tripoli ou de Triple est un frère du couvent dominicain d'Acre, auteur d'un texte dédié à Tebaldo Visconti intitulé *De Statu Saracenorum post Ludovici Regis de Syriâ Reditum.*

continuer la route, et décidèrent de s'arrêter là. Ils donnèrent à messire Nicolo et messire Maffeo toutes les lettres et les privilèges qu'ils avaient, et les quittèrent avec le maître du Temple.

XIII

Comment messire Nicolo, messire Maffeo Polo et Marco allèrent auprès du grand Khan

Les deux frères et Marco se mirent en route et chevauchèrent tant, et hiver et été, qu'ils arrivèrent auprès du grand Khan qui se trouvait alors dans une ville nommée Chang-Tou qui était très grande et très riche. Nous ne raconterons pas maintenant ce qu'ils rencontrèrent sur leur chemin, tant à l'aller qu'au retour, car nous vous le raconterons plus loin dans notre livre de manière claire et méthodique. Il leur fallut trois ans et demi pour revenir, cela à cause du mauvais temps et des grands froids. Soyez assuré, de manière certaine, que quand le grand Khan sut que messire Nicolo et messire Maffeo Polo, ses messagers, étaient de retour, il envoya à leur rencontre, bien quarante journées au devant d'eux, ses messagers. Ils furent très bien servis et honorés sur leur chemin, tant à l'aller qu'au retour, de tout ce qu'ils souhaitaient.

XIV

Comment messire Nicolo et messire Maffeo Polo, ainsi que Marco, se présentèrent devant le grand Khan

Que vous dire ? Quand les deux frères furent arrivés dans cette ville, ils allèrent au palais principal où ils trouvèrent le Seigneur en compagnie de beaucoup d'officiers. Ils s'agenouillèrent devant lui et se prosternèrent tant qu'ils le purent. Le Seigneur les fit se relever et les reçut avec de très grands honneurs, les fêta beaucoup et leur demanda comment ils allaient et ce qui leur était arrivé.

Ils lui répondirent qu'ils allaient fort bien car ils le retrouvaient en bonne santé. Puis ils lui présentèrent les privilèges et les lettres qu'ils avaient du pape qui lui firent grande joie. Ils lui donnèrent ensuite la sainte huile du Tombeau dont il fut très heureux et dont il fit grand cas. Quand il vit Marco, qui était un jeune garçon, il demanda qui il était. « Sire, dit son père, messire Nicolo, c'est mon fils et votre vassal. » « Qu'il soit le bienvenu ! » répondit le Seigneur. Que vous raconterai-je de plus ? Sachez qu'il y eut à la cour du seigneur une très grande fête afin de célébrer leur arrivée, ils étaient servis et honorés par tous, et demeurèrent à la cour avec les autres officiers.

XV

Comment le Seigneur fit de Marco son messager

Il arriva que Marco, le fils de messire Nicolo, apprit si bien les coutumes des Tartares, leur langue, leur écriture, leur façon de tirer à l'arc que cela était prodigieux. Il était savant et prévoyant de toute chose. C'est la raison pour laquelle le Seigneur lui voulait grand bien. Aussi, lorsque le Seigneur vit qu'il était si savant et qu'il avait un si bon comportement, il l'envoya comme messager dans un lieu qui était bien à six mois de route. Le jeune homme mena à bien sa mission, parce qu'il avait vu et su plusieurs fois que le Seigneur envoyait ses messagers dans diverses régions du monde, et que lorsqu'ils revenaient ils ne savaient lui dire autre chose que ce pourquoi ils étaient partis. Il les prenait alors pour des imbéciles et des sots et leur disait : « Je préférerais apprendre des choses neuves et les diversités des différentes choses plutôt que ce pourquoi vous êtes partis ! » Il se délectait en effet énormément d'entendre des choses différentes. C'est la raison pour laquelle, tant à l'aller qu'au retour, Marco

Polo mit beaucoup d'attention à recueillir diverses informations concernant les diverses régions traversées, afin qu'il pût les raconter au grand Khan à son retour.

XVI
Comment Marco revint de sa mission

Quand Marco fut revenu de sa mission, il se rendit devant le Seigneur et lui dit tout ce pourquoi il était parti, et qu'il avait bien accompli sa tâche. Puis il lui raconta toutes les choses nouvelles et étranges qu'il avait vues et sues. Il fit cela avec tant de sagesse que le seigneur, ainsi que tous ceux qui l'entendirent, en furent émerveillés et dirent : « Si ce jeune homme vit cela, il ne peut manquer d'être un homme de bon sens et de grande valeur. » C'est la raison pour laquelle il fut dès lors appelé : « messire Marco Polo ». C'est ainsi que notre livre le nommera désormais, et ce n'est que justice !

Après cela, messire Marco Polo resta quelque dix-sept années auprès du Seigneur, allant toujours en mission, ici et là, dans les régions où le Seigneur l'envoyait. Et lui, étant sage et connaissant bien les desiderata du Seigneur, se donnait beaucoup de peine pour apprendre et connaître toutes les choses qui, selon lui, pourraient plaire au grand Khan ; de telle sorte qu'à son retour il racontait tout méthodiquement. C'est la raison pour laquelle le Seigneur l'aimait et l'appréciait énormément. C'est aussi pourquoi il l'envoyait le plus souvent faire les grandes missions, les bonnes et les plus lointaines. Il les menait toujours à bien et sagement, Dieu merci ! C'est la raison pour laquelle le Seigneur l'aimait beaucoup, le traitait avec égards, et le gardait si près de lui, que plusieurs officiers en étaient jaloux. Voilà également pourquoi ledit messire Marco Polo sut et vit plus que n'importe qui d'autre les diverses régions du monde. Il faut dire qu'il mettait une attention toute particulière à savoir, et à s'enquérir de tout afin de le raconter au grand Seigneur.

XVII

Comment messire Nicolo, messire Maffeo et messire Marco demandèrent congé au grand seigneur

Quand les deux frères et Marco furent restés auprès du seigneur autant que vous l'avez entendu, ils pensèrent retourner dans leur pays, car il en était désormais temps. Ils demandèrent à plusieurs reprises congé au seigneur, en le priant doucement, mais il les aimait tant et souhaitait si volontiers les garder auprès de lui qu'il ne voulait pour rien au monde les laisser partir.

Or, il arriva que la reine Bolgana, la femme d'Argoun, le seigneur du Levant, mourut. Elle avait précisé dans son testament qu'aucune femme ne pût monter sur le trône, ni être l'épouse d'Argoun, si elle n'était de la même lignée qu'elle. Argoun prit alors trois officiers qui se nommaient ainsi : le premier Oulataï, le second Apusca et le troisième Coja. Il les envoya en mission auprès du grand Khan, avec un grand équipage afin de lui envoyer une femme de la même lignée que la défunte reine Bolgana pour qu'il puisse l'épouser. Quand ces trois officiers furent arrivés auprès du grand Khan, ils lui délivrèrent leur message et ce pourquoi ils étaient venus. Le grand Khan les reçut avec égards et les fêta grandement. Puis il fit chercher une femme qui s'appelait Cocacin, qui était de la même lignée que la défunte reine Bolgana. Elle était âgée de dix-sept ans, et était à la fois belle et gracieuse. Quand elle fut arrivée, il dit aux trois officiers qu'elle était celle qu'ils recherchaient. Ils répondirent sur ce, qu'ils étaient enchantés. Pendant ce temps, messire Marco Polo revint d'Inde où il s'était rendu en mission pour le seigneur. Il raconta les diverses choses qu'il rencontra sur son chemin et comment il avait traversé différentes mers. Les trois officiers, voyant messire Nicolo, messire Maffeo et messire Marco qui étaient des Latins d'expérience – chose dont ils étaient émerveillés – jugèrent bon de les emmener avec eux, car leur idée était de rentrer chez eux par voie de mer à cause de la dame et du grand labeur qui est de voyager par voie terrestre. Ils les emmenaient d'autant plus volontiers avec eux, car ils avaient vu et parcouru une grande partie de l'Océan Indien, ainsi que des régions qu'ils allaient devoir traverser, et c'était principalement le cas de Marco. Ils allèrent trouver le grand Khan et le prièrent de laisser les trois Latins partirent avec eux, car ils voulaient rentrer par voie de mer. Le seigneur qui aimait tant les trois Latins, comme je vous l'ai dit, accepta à grands regrets, et leur donna congé afin qu'ils puissent accompagner les trois officiers ainsi que la dame.

XVIII

Comment les deux frères et Marco quittèrent le grand Khan

Quand le Seigneur vit que les deux frères et messire Marco s'apprêtaient à partir, il les fit venir tous trois devant lui, et leur donna deux tables d'or du commandement, afin qu'ils fussent libres de parcourir tout son territoire et d'obtenir, ainsi que leur compagnon, tout ce qu'ils demanderaient. Il les chargea d'une mission auprès du pape, du roi de France, du roi d'Angleterre et de tous les rois chrétiens. Puis il leur fit préparer treize navires qui avaient chacun quatre mâts et pouvaient voguer à douze voiles, et je pourrais bien vous dire comment. Mais parce qu'il s'agirait là d'une trop longue affaire, je ne vous en parlerai pas maintenant, mais plus tard, en temps et lieu.

Quand les navires furent prêts, les trois officiers, la dame, les deux frères et messire Marco prirent congé du grand Khan, ils prirent place dans les navires avec beaucoup de gens et le grand Khan leur donna de quoi subvenir à leurs besoins pour deux années. Ils prirent la mer et naviguèrent tant durant trois mois qu'ils arrivèrent à une île qui est au sud et qui s'appelle Sumatra, dans laquelle il y a maintes merveilles dont nous vous parlerons plus tard de façon ordonnée. Puis ils quittèrent cette île et naviguèrent sur l'Océan Indien bien dix-huit mois. Ils constatèrent, lorsqu'ils furent arrivés, qu'Argoun était mort, et la dame qui lui était destinée fut donnée à Ghazan son fils. Sachez assurément que quand ils prirent la mer, ils étaient bien cinq cents personnes, sans les marins ; tous moururent et il n'en réchappa que huit. Ils constatèrent que le pays était gouverné par Gghaïghatou. Ils lui recommandèrent la dame et remplirent leur mission. Une fois que les deux frères firent cela, ainsi que ce que leur avait demandé le Seigneur au sujet de la dame, ils prirent congé et se remirent en route. Mais avant leur départ, Cocacin leur donna quatre tables du commandement en or : deux de gerfaut, l'une de lion et la dernière pleine, sur lesquelles il était précisé dans leur écriture que les trois messagers recevraient sur toute sa terre les mêmes égards et services qu'elle-même, ainsi que leur soient donnés chevaux et argent. Il en fut ainsi, car ils eurent sur toute sa terre ce dont il leur était nécessaire et largement, car je vous affirme que maintes fois il leur fut donné deux cents hommes à cheval, ou plus ou moins, en fonction de ce qui était nécessaire à leur sécurité. Que dire ? Quand ils furent partis, ils chevauchèrent si rapidement qu'ils arrivèrent à Trébizonde, puis à Constantinople ; et de Constantinople en Eubée et d'Eubée à Venise. C'était en l'an 1295 de l'incarnation du Christ.

Maintenant que je vous ai raconté le Prologue, comme vous l'avez entendu, je commencerai le Livre de la description des choses singulières que rencontra messire Marco Polo.

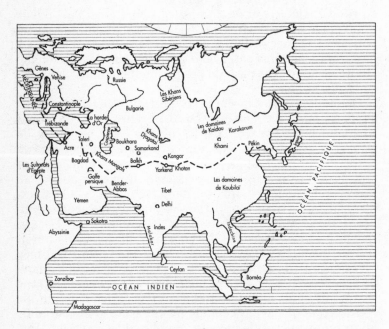

Voyage de Marco Polo avec son père et son oncle

XIX

De la petite Arménie

Il est vrai qu'il existe deux Arménie : une grande et une petite. La petite a pour seigneur un roi qui gouverne son royaume et qui est soumis au souverain tartare de la Perse. On y trouve maintes villes et châteaux, et il y a de tout en abondance. C'est également une terre d'où l'on tire un grand plaisir à chasser toutes sortes d'animaux et d'oiseaux. Mais je vous dis que cette région n'est pas saine, bien au contraire. Dans le passé, les hommes étaient de braves guerriers, mais à présent ils sont misérables, méchants et sans bravoure aucune ; ils sont surtout portés sur la boisson ! Il y a également sur la mer une ville qui s'appelle Laïas, qui est un grand centre de commerce, car sachez que les épices et les étoffes de soie et d'or qui proviennent de l'intérieur des terres sont apportées dans cette ville, ainsi que d'autres choses encore. Les marchands de Venise, de Gênes, et d'autres pays y viennent pour vendre leurs marchandises et acheter ce dont ils ont besoin. Tous ceux qui veulent se rendre à l'intérieur des terres, qu'ils soient ou non marchands, passent par cette ville.

XXI

De la grande Arménie

La grande Arménie est une grande région. Elle commence avec une ville qui s'appelle Erzincan où l'on fabrique les meilleurs bourgans [1] du monde. Il y a les plus beaux et meilleurs bains d'eau de source jaillissante du monde. Les habitants sont arméniens et sujets du souverain tartare de la Perse. Il y a maintes villes et châteaux, mais la plus extraordinaire est celle d'Erzincan, qui a un archevêque. Il y en a deux autres : Erzurum et Ercis. C'est une très grande région.

1. Les bourgans sont des étoffes de laine.

39

Et je vous dis que toute l'armée du seigneur tartare du Levant y reste pendant l'été car ils y trouvent de très bons pâturages pour leurs bêtes. Mais ils n'y restent pas en hiver, à cause des grands froids excessifs. C'est la raison pour laquelle ils partent ailleurs en hiver, là où ils trouvent de bons pâturages. Sachez que dans cette grande Arménie se trouve, sur une grande montagne, l'arche de Noé. Aux confins du sud et à l'est se trouve un royaume appelé Mossoul, dont les habitants sont chrétiens jacobites et nestoriens[1] dont je vous parlerai plus loin. Elle borde au nord la Géorgie dont je parlerai également plus loin. Il y a aux confins de la Géorgie, sachez-le, une fontaine de laquelle jaillit de l'huile en si grande quantité que bien cent navires pourraient en être remplis en même temps. Mais elle n'est pas bonne à consommer, tout au plus à brûler et à oindre les chameaux qui ont la gale. Des gens viennent jusqu'ici de très loin pour chercher cette huile, car il n'en brûle pas d'autres dans toute la région alentour.

Nous cesserons de parler de la grande Arménie pour passer à la Géorgie.

XXII

De la Géorgie et de ses rois

En Géorgie, il y a un roi qui s'appelle David Melic[2], ce qui signifie en français David Roi. Il est soumis au souverain tartare de la Perse. Jadis tous les rois naissaient avec un signe représentant un aigle sur l'épaule droite. Ce sont de belles gens, de valeureux guerriers, de bons archers et de bons soldats lors des batailles. Ils sont chrétiens et suivent le dogme grec. Ils ont des cheveux courts à l'instar des clercs. Il s'agit de la région qu'Alexandre ne put traverser quand il voulut revenir en Occident, car la route est étroite et dangereuse : il y a une mer d'un côté et de très grandes montagnes

1. Ces chrétiens appartiennent à deux Églises orientales : les jacobites d'une part et les nestoriens d'autre part.
2. Le prénom « David » a toujours été porté par les rois de Géorgie, et « Melic » est un mot arabe qui signifie « maître, seigneur, roi ».

que l'on ne peut pas franchir de l'autre. Cet étroit passage est long de plus de quatre lieues[1], de sorte que quelques hommes suffiraient pour le défendre contre le monde entier. Je vous dis qu'Alexandre fit ériger une tour fortifiée de telle sorte que personne ne pouvait l'assaillir pour l'attaquer. Elle fut appelée la « Porte de fer[2] ». C'est précisément de cet endroit dont parle le *Livre d'Alexandre*[3], lorsqu'il raconte comment il enferma les Tartares entre deux montagnes. Mais en réalité, il ne s'agissait pas de Tartares mais d'autres peuples : les Coumans[4] et d'autres races, car à cette époque il n'y avait pas encore de Tartares.

Il y a beaucoup de villes et de châteaux, et de la soie en abondance. On y fabrique des étoffes d'or et de soie de diverses façons et très belles. Ils ont les meilleurs autours[5] du monde. Il y a de toute chose en abondance, et les gens vivent du commerce et de l'artisanat. La région est pleine de montagnes et de passages étroits et dangereux, de telle sorte que, je vous le dis, les Tartares ne purent entièrement la conquérir.

Il y a aussi un monastère de religieuses qui s'appelle saint Léonard, où se produit une merveille que je vais vous raconter. Il y a, près de l'église, un grand lac qui prend sa source d'une montagne où, toute l'année, on ne trouve aucun poisson, ni grand ni petit. Quand arrive le premier jour du carême, on y trouve les plus beaux poissons du monde, et en grande quantité. Ils y restent durant tout le carême, jusqu'au Samedi saint. Ensuite il n'y en a plus jusqu'au carême suivant, et ainsi de suite chaque année : voilà un grand miracle !

Cette mer dont je vous parle, qui est près des montagnes, s'appelle la mer Caspienne et s'étend environ sur sept cent mille milles[6] de superficie, et est loin de douze jours de toute autre mer. Le grand fleuve qui s'appelle l'Euphrate se jette

1. La lieue est une mesure itinéraire. La lieue commune compte 4 000 mètres.
2. Cette « Porte de fer » fait référence au passage de Derbend qui, en réalité, est une fortification qui s'étend de la mer Caspienne jusqu'aux versants du Caucase.
3. C'est dans la branche III du *Roman d'Alexandre*, lors de la seconde bataille contre Porus, qu'Alexandre met en fuite Gog et Magog et fait édifier un mur impossible à détruire.
4. Les Coumans sont d'origine turque et ont parfois été appelés « Scythes ». Ils apparaissent pour la première fois en 1078 dans l'histoire byzantine.
5. Les autours sont de grands rapaces.
6. Le mille est une mesure de distance qui correspond approximativement à 1 500 mètres.

dans cette mer ainsi que plusieurs autres fleuves. À présent, les marchands de Gênes naviguent sur cette mer dans des navires qu'ils y ont apportés. C'est de là que vient la soie guelle[1].

XXIV

De la grande ville de Bagdad

Bagdad est une grande ville où se trouvait le calife de tous les musulmans du monde, à l'instar de Rome où se trouve la résidence du pape des chrétiens. Un très grand fleuve traverse cette ville qui permet d'aller à l'Océan Indien, qui se trouve à dix-huit jours de Bagdad. Ainsi de nombreux marchands vont et viennent par ce fleuve avec leurs marchandises, et arrivent à une ville nommée Kich ; là ils entrent dans l'Océan Indien. Il y a également sur le fleuve, entre Bagdad et Kich, une grande ville qui s'appelle Bassorah. Et tout autour de celle-ci, dans les bois, se trouvent les meilleures dattes du monde. À Bagdad, on fabrique différentes

1. La soie guelle serait une soie jaune très réputée que l'on fabriquait en Géorgie.

sortes d'étoffes de soie et d'or : *nasic, nac* et cramoisi[1] ; et d'autres encore de très belle façon. Elle est la plus illustre ville et la plus grande qui soit de toute la région.

Il est entendu qu'un jour, en l'an 1255 du Christ, le seigneur des Tartares du Levant, qui s'appelait Hulegu, le frère du grand Khan qui règne actuellement, constitua une très grande armée, marcha sur Bagdad et la prit de force. Cela ne fut pas une mince affaire, car il y avait à Bagdad plus de cent mille hommes à cheval sans compter ceux qui étaient à pied. Quand il l'eut prise, il trouva une tour appartenant au calife et qui regorgeait d'or, d'argent et d'autres trésors encore, en quantité si importante qu'on n'en avait jamais vu autant réuni en un même lieu. Quand il vit tout ce trésor, il en fut très émerveillé. Il envoya chercher le calife, le fit venir devant lui et lui dit : « Calife, dis-moi donc pourquoi tu as amassé un si grand trésor ? Que devais-tu en faire ? Ne savais-tu pas que j'étais ton ennemi et que je marchais sur toi avec une si grande armée afin de te déposséder ? Pourquoi n'as-tu pas pris tes richesses pour les donner aux cavaliers et aux gens d'armes afin qu'ils te défendent ainsi que ta ville ? »

Le calife ne pipa mot car il ne sut que répondre. Le seigneur lui dit : « Eh bien, calife, puisque je vois que tu aimais tant ton trésor, je vais te le donner à manger. » Il le fit saisir, puis le mit dans la tour du trésor, et exigea que rien ne lui fût donné ni à manger ni à boire, et lui dit : « Eh bien, calife, mange autant de ton trésor que tu le souhaites puisqu'il te plaisait tant, car tu ne mangeras plus rien d'autre que ce trésor. »

Il resta là durant quatre jours, puis mourut. Aussi aurait-il mieux valu pour le calife qu'il eût donné et partagé son trésor avec les gens d'armes qui l'auraient défendu ainsi que sa terre et ses gens, plutôt que d'être pris, dépossédé et mort comme il le fut. Depuis il n'y eut plus de calife ni à Bagdad ni ailleurs.

Je veux vous raconter un très grand miracle qui arriva à Bagdad et que Dieu fit pour les chrétiens.

XXV
Du miracle de la montagne

Il est vrai qu'il arriva entre Bagdad et Mossoul un miracle.
Il y avait un calife qui était à Bagdad en l'an 1225 de Christ
qui haïssait les chrétiens et qui s'interrogeait, nuit et jour,
sur la manière de faire devenir les chrétiens de sa terre
musulmans ou sinon de les faire mourir. Il cherchait avec
les prêtres de sa religion comment faire, car tous, sans exception, leur voulaient du mal. Il est un fait entendu que tous
les musulmans du monde voulaient toujours le plus grand
mal à tous les chrétiens du monde.

Or, il arriva que le calife ainsi que ses prêtres trouvèrent,
comme je vais vous le dire, dans notre Évangile que s'il était
un chrétien qui eut une foi si grosse qu'un grain de moutarde, et qu'il dit à une montagne de se soulever, alors elle
le ferait ; je vous assure que cela est véridique [1]. Une fois
qu'ils eurent trouvé cela, ils en eurent une grande joie, car
c'était bien l'occasion de faire devenir les chrétiens musulmans ou bien de tous les faire mourir. Le calife fit donc
demander tous les chrétiens de sa terre qui étaient en grand
nombre. Une fois qu'ils furent tous devant lui, il leur montra
l'Évangile et leur fit lire ce qui y est écrit et que je vous ai
dit. Quand ils l'eurent lu, il leur demanda si cela était vrai.
Les chrétiens répondirent que c'était tout à fait véridique.
« Puisque vous dites que c'est vrai, dit le calife, je vous propose le marché suivant – car il doit bien y avoir parmi vous,
qui êtes si nombreux, cette quantité de foi ! – : ou vous faites
se déplacer cette montagne qui est là – il leur montre du
doigt celle qui était tout prêt –, ou je vous ferai tous mourir
de mort cruelle. Et si vous voulez réchapper à la mort, alors
devenez musulmans. Je vous donne un délai de dix jours
pour faire cela. Si à ce terme rien n'est fait, alors vous mour-
rez ou deviendrez musulmans. » Une fois qu'il leur eut dit
cela, il les congédia ; ils devaient réfléchir à la façon de réaliser cette chose.

---

1. Voir l'Évangile de Matthieu : « Si un jour votre foi est semblable à une
graine de moutarde, vous direz à cette montagne : "Passe d'ici là-bas", et
elle y passera. Rien ne vous sera impossible. » (Mt 17,20).

XXVI

La grande peur que les chrétiens eurent de ce que le calife leur avait dit

Lorsque les chrétiens eurent entendu ce que le calife leur avait dit, ils en eurent une très grande peur. Ils mirent, cependant, toute leur espérance en Dieu leur créateur afin qu'il leur vienne en aide et les tire de ce grand péril. Tous les sages chrétiens qui étaient là se réunirent – il y avait beaucoup d'évêques et de prêtres –, mais ils ne purent faire autre chose que de se tourner vers celui de qui viennent tous les biens et que par pitié il les défende des mains cruelles du calife.

Ils furent tous ensemble, hommes et femmes, en prière durant huit jours. Au bout de ces huit jours, un évêque, qui était un très bon chrétien, eut une vision dans laquelle le saint ange céleste lui dit de demander à un savetier qui n'avait qu'un œil de prier Dieu, et que par sa bonté Dieu accomplirait la prière à cause de la sainteté du savetier.

Je vais vous dire quel homme était ce savetier. Sachez qu'il menait une vie extrêmement honnête et chaste. Il jeûnait, ne commettait aucun péché, allait chaque jour à la messe et donnait quotidiennement de l'argent qu'il gagnait pour Dieu. La raison pour laquelle il n'avait qu'un œil est la suivante : un jour, une femme vint le voir pour se faire faire des souliers. Elle lui montra son pied pour prendre les mesures – elle possédait une très belle jambe et un très beau pied – et ce fut pour sa raison à la fois un scandale et un péché. Il avait, à plusieurs reprises, entendu dire qu'il était écrit dans l'Évangile que si l'œil scandalisait la conscience, il fallait alors aussitôt l'extraire de la tête avant que de pécher. Il en fit ainsi dès que la femme fut partie : il prit l'alêne[1] avec laquelle il cousait et se la planta en plein dans l'œil, de telle sorte qu'il le creva, et perdit son œil de cette façon.

Voyez quel saint homme il était, et juste et de bonne vie.

---

1. Une alêne est un poinçon d'acier permettant de percer le cuir afin de le coudre.

XXVII

La vision que l'évêque eut du savetier borgne

Quand cette vision, dont je viens de parler, apparut plusieurs fois à cet évêque, il parla un jour aux chrétiens de l'apparition qu'il eut et ce, à plusieurs reprises. Les chrétiens décidèrent alors d'un commun accord de faire venir devant eux ledit savetier. Lorsqu'il fut venu, ils lui dirent qu'ils voulaient qu'ils fassent la prière, et que Dieu leur avait promis d'accomplir ce qu'ils leur demandaient grâce à lui. Quand il entendit ce qu'on lui disait, il s'excusa longuement et répondit qu'il n'était pas l'homme qu'ils croyaient. Mais ils le prièrent si doucement qu'il leur dit qu'il ne refuserait pas de faire ce qu'ils lui demandaient.

XXVIII

La prière du saint homme, le savetier, fait se déplacer la montagne

Lorsque le terme du délai fut arrivé, tous les chrétiens se levèrent de bonne heure, hommes et femmes, petits et grands – qui étaient plus de cent personnes –, et allèrent à l'Église écouter la sainte messe. Quand la messe fut dite, ils se mirent en route en direction de la plaine près de la montagne, en grande procession avec la précieuse croix ouvrant le cortège, en chantant et en pleurant. Quand ils furent arrivés, ils trouvèrent là le calife avec toute son armée de musulmans prêts à les tuer ou bien à les convertir à leur religion, car ils ne pensaient pas que Dieu ferait grâce aux chrétiens. Ces derniers avaient une très grande peur, mais conservaient toujours leur espérance en Jésus-Christ.

Le savetier reçut la bénédiction de l'évêque puis se jeta à genoux à terre, devant le signe de la sainte croix, tendit ses mains vers le ciel et fit cette prière : « Seigneur Dieu tout puissant, je te prie, par ta sainte bonté, que tu veuilles faire grâce à ton peuple afin qu'il ne meure et que ta foi ne soit ni méprisée ni abattue, non que je sois digne de te prier et de t'invoquer, mais ta puissance et ta miséricorde sont si grandes que tu entendras ma prière, moi qui suis ton serviteur plein de péchés. »

Quand il eut fait sa prière à Dieu le souverain père par qui toutes grâces sont accomplies, aussitôt le calife ainsi que tous les musulmans et les autres gens présents virent la montagne se lever d'où elle était et aller là où le calife l'avait demandé. Lorsque le calife et tous les musulmans virent cela, ils furent tout ébahis et émerveillés de ce miracle que Dieu avait accompli pour les chrétiens. De fait une grande quantité de musulmans devinrent chrétiens, le calife lui-même se fit baptiser au nom du Père et du Fils et du Saint-Esprit, amen. Il devint chrétien mais en secret. Quand il mourut, on trouva une petite croix pendant à son cou de sorte que les musulmans ne voulurent l'enterrer avec les autres califes, et ils l'ensevelirent à part. Les chrétiens eurent une grande joie de ce très grand et saint miracle, et repartirent dans une très grande allégresse, rendant grâce à leur créateur de ce qu'il avait fait pour eux.

Les choses se sont produites comme vous venez de l'entendre, et ce fut un très grand miracle. Ne soyez pas surpris que les musulmans haïssent les chrétiens, car leur maudite religion que Mahomet leur donna, exige que tous les maux qu'ils puissent faire à d'autres gens et principalement aux chrétiens soient faits : dérober leurs biens et leur faire du mal, puisqu'ils n'ont pas la même religion qu'eux, et que leur religion est mauvaise et a de mauvais commandements. Tous les musulmans du monde agissent de la sorte.

Nous avons parlé de Bagdad, nous pourrions également vous parler de leurs pratiques et de leurs coutumes, mais ce serait un sujet trop long, car je vous raconterai plus loin de grandes merveilles, comme vous pourrez le constater clairement dans ce livre.

Je vais à présent vous parler de l'illustre ville de Tabriz.

XXIX

De l'illustre ville de Tabriz

Tabriz est une grande et illustre ville sise dans la région de l'Irak – tel est son nom –, où il y a plusieurs villes et châteaux. Mais compte tenu que Tabriz est la plus noble, je vous parlerai d'elle.

Il est vrai que les habitants de Tabriz vivent du commerce et de l'artisanat, car ils fabriquent différentes étoffes de soie et d'or de toutes sortes, très belles et de grande valeur. La ville est si bien située que d'Inde et de Bagdad, de Mossoul, d'Ormuz et de bien d'autres endroits encore y arrivent les marchandises ; de telle sorte qu'y viennent bien des marchands latins, et particulièrement génois, pour acheter et faire du commerce, car on y trouve également de grandes quantités de pierres précieuses. Elle est la ville où les marchands y font de grands profits. Les habitants sont médiocres et très mélangés. Il y a des Arméniens, nestoriens, jacobites, Géorgiens, Persans et d'autres qui adorent Mahomet : tels sont les habitants de cette ville. Ce sont de mauvaises gens qui s'appellent Tabrisiens. La ville est entourée de très beaux jardins agréables, pleins de très beaux fruits de toutes sortes, très bons, et en grande quantité.

Nous laissons Tabriz, et vous parlerons de la grande région de Perse.

XXX

De la grande région de Perse

La Perse est une grande région qui, jadis, fut illustre et puissante, mais à présent les Tartares l'ont ruinée et détruite. On trouve en Perse une ville qui s'appelle Saveh d'où partirent les trois rois quand ils vinrent adorer Jésus-Christ, car ils sont ensevelis dans cette ville, dans trois très grands et très beaux tombeaux. Sur chacun des tombeaux, qui sont les uns à côté des autres, se trouve une maison carrée très bien nettoyée. Les corps sont encore intacts avec cheveux et barbe. L'un s'appelait Gaspard, l'autre Melchior et le troisième Balthasar. Ledit messire Marco Polo questionna beaucoup de gens de cette ville au sujet de ces trois rois, mais il ne trouva personne qui sut le renseigner, il apprit tout au plus qu'il s'agissait de trois rois qui furent jadis ensevelis ici. Mais au bout des trois jours, il apprit ce que je vais vous raconter. Il trouva un château qui s'appelle Kalaï Atachparastan, ce qui signifie en français : « le château des adorateurs de feu ». Ce nom est bien justifié, car les gens de ce château adorent le feu et je vais vous expliquer pourquoi : ils disent que jadis, les trois rois de cette contrée allèrent adorer un prophète qui venait de naître et portèrent trois présents, à savoir de l'or, de l'encens et de la myrrhe pour savoir si ce prophète était dieu, roi terrestre ou médecin, car ils dirent que s'il prenait l'or il serait roi ; s'il prenait l'encens il serait dieu ; et s'il prenait la myrrhe il serait médecin.

Or il arriva que quand ils furent parvenus là où l'enfant était né, le plus jeune de ces trois rois entra le premier et trouva l'enfant paraissant avoir le même âge que lui, il ressortit et témoigna de la surprise qu'il eut. Puis entra le second d'âge moindre et, tout comme pour le précédent, l'enfant lui parut être de son âge. Il ressortit et manifesta son très grand étonnement. Enfin, entra le troisième et plus âgé, et à lui aussi, comme aux deux autres, arriva la même chose, et il ressortit tout pensif. Quand ils furent tous trois réunis, chacun dit ce qu'il avait trouvé et vu, et ils s'en étonnèrent. Ils décidèrent alors d'entrer tous les trois ensemble. Ils entrèrent et trouvèrent l'enfant de l'âge qu'il avait, c'est-à-dire de treize jours. Ils l'adorèrent et lui offrirent l'or, l'encens et la myrrhe. L'enfant prit les trois offrandes, et leur donna une boîte fermée. Les rois repartirent pour retourner dans leur contrée.

XXXI

Du retour des trois rois

Quand ils eurent chevauché plusieurs journées, ils voulurent voir ce que l'enfant leur avait donné. Ils ouvrirent la boîte et y trouvèrent une pierre. Quand ils la virent, ils furent très étonnés de ce que l'enfant leur avait donné ainsi que son sens. Ce dernier était que, quand ils offrirent à l'enfant leurs offrandes, il les prit toutes trois et ils se dirent que, puisqu'il les avait prises toutes les trois, alors il était vrai dieu, vrai roi et vrai médecin ; cela afin que la foi qui était née en eux devrait être dure comme une pierre qui peut l'être. Voilà la raison pour laquelle ils eurent de l'enfant cette pierre qui avait ce sens, car il savait bien leurs pensées. Mais eux qui ne surent pas la véritable signification de cette pierre, la jetèrent dans un puits et à l'instant même un feu ardent descendit du ciel jusqu'au puits où elle avait été jetée.

Quand les trois rois virent cette merveille, ils en furent

tout ébahis et se repentirent beaucoup d'avoir jeté la pierre, car ils s'aperçurent alors que son sens était grand et bon. Ils prirent aussitôt de ce feu, l'emportèrent dans leur pays et le mirent dans une de leurs très belles et très riches églises. Le feu y brûle toujours et ils l'adorent comme un dieu ; tous les sacrifices qu'ils font, ils les font cuire avec ce feu. Si d'aventure il arrive qu'il s'éteigne, ils vont dans les villes avoisinantes, où l'on pratique la même religion afin d'obtenir du feu et d'en rapporter dans leur église. Voilà la raison pour laquelle les gens de cette contrée adorent le feu. Il arrive même parfois qu'ils voyagent bien dix jours pour trouver de ce feu.

C'est ainsi que les habitants de ce château racontèrent cela à messire Marco Polo, lui affirmant de manière certaine que les choses s'étaient passées ainsi, et que l'un des trois rois était originaire d'une ville qui s'appelle Saveh, l'autre Aveh, et le troisième de ce château où ils adoraient le feu, comme c'était le cas dans toute la région.

Maintenant que je vous ai raconté cela, je vais vous parler des contrées de Perse et de leurs coutumes.

XXXII

Des huit royaumes de Perse

Sachez qu'en Perse il y a huit royaumes, car c'est une grande région. Je vous les nommerai tous l'un après l'autre.

Le premier s'appelle Quasvin ; le second, qui est vers le sud, s'appelle Kurdistan ; le troisième s'appelle Louristan ; le quatrième Choulistan ; le cinquième Ispahan ; le sixième Chiraz ; le septième Chabankarah ; le huitième Toun-et-Kaïn qui est à la fin de la Perse.

Tous ces royaumes se trouvent au sud, sauf un : Toun-et-Kaïn qui est près de l'Arbre Seul.

Il y a, dans ce royaume, de très beaux destriers, et on en mène quantité en Inde pour les vendre, car ce sont des chevaux de grande valeur, l'un vaut bien dans leur monnaie au moins deux cents livres tournois[1], ou plus ou moins, selon leur état. Il y a également les ânes les plus beaux du monde qui valent bien trente marcs d'argent[2] l'un, car ils sont grands, rapides, et vont bien l'amble. Les gens mènent les chevaux jusqu'à Kich et Ormuz, qui sont deux villes qui se trouvent au bord de l'Océan Indien ; là ils y trouvent des marchands qui les achètent afin de les vendre en Inde.

Il y a dans ce royaume beaucoup de gens cruels et homicides, car ils ne cessent de s'entre-tuer. S'il n'y avait eu un gouvernement, j'entends celui du Tartare du Levant, ils feraient beaucoup de mal aux marchands. Malgré cela, ils n'ont de cesse de leur faire du mal, mais ils feraient pire si les marchands n'étaient bien armés : ils les tueraient et les dépouilleraient de tous leurs biens. Si d'aventure les marchands ne restent sur leurs gardes, alors ils les tuent tous. Ils sont tous musulmans, car leur religion est celle de Mahomet.

Dans ces villes, il y a des marchands et des artisans qui vivent tous de leur travail et de leur artisanat. Ils font des étoffes d'or et de soie de différentes façons. Ils ont du coton en quantité qui pousse dans leur contrée. Ils ont en abondance du froment, de l'orge, du millet, du panic[3], du vin et des fruits.

1. La livre tournois est une unité monétaire.
2. Le marc d'argent est une unité monétaire.
3. Le panic est une variété de millet cultivé, qui appartient à la famille des graminées.

XL

Le Vieux de la Montagne

Moulette [1] est une contrée où résidait jadis le Vieux de la Montagne, et signifie en français : « dieu terrestre ». Je vais vous raconter son histoire, d'après ce que messire Marco Polo l'apprit de plusieurs personnes de cette région. Le Vieux était appelé dans leur langue Aladin. Il avait fait fortifier, dans une vallée, entre deux montagnes, le plus grand et le plus beau jardin qui ne fût jamais vu, plein de tous les fruits du monde. Il y avait là les plus belles maisons et les plus beaux palais qui ne fussent jamais vus, tout dorés et très joliment peints de toutes belles choses. Il y avait également des conduits où coulaient du vin, du lait, du miel et de l'eau, ainsi que plein de dames et de demoiselles les plus belles du monde qui savaient si bien jouer de tous les instruments de musique, et très bien chanter. Elles dansaient de telle sorte que c'était un véritable plaisir que de les regarder. Le Vieux laissait entendre que ce jardin était le paradis. Il l'avait agencé de cette manière, car Mahomet dit que leur paradis sera constitué de beaux jardins pleins de conduits de vin, de

---

1. Le mot « Moulete » (« Mulecte ») vient de l'arabe « mulhed » et signifie « hérétique ». Le texte qui nous dit qu'il signifie « dieu terrestre » est donc faux.

lait, de miel et d'eau, ainsi que de belles femmes dont chacun prendra son plaisir comme le faisait le Vieux. C'est la raison pour laquelle ils croyaient que c'était le paradis.

Aucun homme n'entrait dans ce jardin sinon ceux dont il voulait faire ses assassins. Il y avait, à l'entrée de ce jardin, un château si fortifié que personne ne pouvait l'assaillir, et l'on ne pouvait entrer que par là pour atteindre ce jardin. Il avait à sa cour de jeunes enfants de douze ans de sa région qui souhaitaient devenir des hommes d'armes. Il leur racontait comment Mahomet disait que le paradis est de la façon dont je vous l'ai décrit, et ils le croyaient comme tous les musulmans le croient. Il les faisait mettre dans ce jardin, par groupe de quatre ou six, il leur faisait ingurgiter une boisson qui les faisait s'endormir aussitôt. Ensuite, il les faisait prendre et mettre dans son jardin. Quand ils se réveillaient, ils se retrouvaient là.

XLI

Le Vieux instruit ses assassins

Quand ils se retrouvent là et qu'ils voient qu'ils sont dans un si bel endroit, ils croient véritablement être au paradis. Les dames, les jeunes filles leur donnent tous les jours du plaisir, de telle sorte que les jeunes garçons ont tout ce qu'ils souhaitent et ne veulent partir de leur plein gré. Le Vieux dont je vous ai parlé a une grande et magnifique cour, et fait croire à ces naïfs qui sont autour de lui qu'il est un grand prophète, et eux le croient assurément. Quand il souhaite envoyer quelques-uns de ses assassins quelque part, il fait ingurgiter une boisson à l'un de ceux qui se trouvent dans son jardin et le fait porter dans son palais. Quand il se réveille, il se trouve hors du paradis, dans le château, chose dont il s'émerveille sans toutefois être content. Le Vieux le fait venir devant lui et le jeune se prosterne longuement devant celui qu'il croit être un vrai prophète. Il leur demande d'où ils viennent. Ils répondent qu'ils viennent du paradis, et que ce dernier est tel que Mahomet le dit dans le Coran.

Les autres, qui entendent cela mais ne l'ont pas vu, ont un grand désir d'y aller.

Lorsque le Vieux veut faire tuer un grand seigneur, il leur dit : « Allez et tuez telle personne, et lorsque vous serez revenus, je vous ferai porter par mes anges au paradis. Si vous mourez, je demanderai à mes anges qu'ils vous ramènent au paradis. » Voilà ce qu'il leur faisait croire. Ils exécutaient tous ses ordres et n'avaient peur d'aucun danger, car ils avaient un grand désir de retourner dans ce paradis. C'est de cette façon que le Vieux faisait assassiner tous ceux qu'il leur commandait de tuer. Les seigneurs lui payaient un tribut, à cause de la grande peur qu'ils avaient de lui ainsi que pour être en paix et en amitié avec lui.

XLII

La mise à mort du Vieux

Il est vrai qu'en l'an 1252 de l'incarnation du Christ, Hulegu, le seigneur des Tartares du Levant, entendit parler de la grande méchanceté du Vieux. Il pensa donc se débarrasser de lui. Il prit un de ses officiers et l'envoya au château avec une grande armée. Ils l'assiégèrent durant trois années et ne purent en prendre possession tant il était bien fortifié. Si les assiégés n'avaient pas manqué de nourriture, on ne l'aurait jamais pris. Mais les vivres manquèrent au bout de trois années et ils furent pris, et le Vieux ainsi que tous ses hommes furent tués. Depuis il n'y eut plus de Vieux, car là finit sa méchanceté dont il avait déjà tant abusé.

Mais nous cesserons de parler de cela à présent, et reprendrons le fil de notre sujet.

LXXXI
Description physique du grand Khan

L'aspect physique du grand Khan, seigneur des seigneurs, qui s'appelait Khoubilaï Khan est le suivant : il est de belle taille, ni petit ni grand, mais de taille moyenne. Il a de bonnes formes, équilibrées et les membres bien constitués. Il a le teint blanc et rosé, les yeux noirs, le nez bien fait et saillant. Il a quatre épouses qu'il considère toujours comme ses épouses légitimes. Le fils aîné qu'il a de ces quatre femmes sera le seigneur de l'empire à la mort de son père. Ces quatre femmes sont appelées impératrices, mais elles ont également un prénom. Chacune d'entre elles a une très belle cour personnelle, car il n'y en a pas une qui n'ait trois cents belles et agréables suivantes. Elles ont aussi maints écuyers, et maints hommes et femmes à leur service, de telle sorte que chacune de ces dames a bien dix mille personnes à sa cour.

Chaque fois que le Seigneur veut coucher avec l'une de ses quatre femmes, il la fait venir dans sa chambre, parfois c'est lui qui va la rejoindre dans la sienne. Il a également maintes concubines, comme je vais vous le raconter. Il est vrai qu'il existe une tribu de Tartares appelé Qonggirats qui sont très beaux. Chaque année ils envoient au grand Khan les cent plus belles jeunes filles de cette race. Il les fait garder par des femmes âgées dans son palais et les fait dormir dans un même lit avec elles pour savoir si elles ont bonne haleine et si elles sont parfaitement saines. Celles qui sont belles, bonnes et parfaitement saines sont mises au service du Seigneur de la manière suivante : trois jours et trois nuits, six de ces jeunes filles servent le Seigneur dans sa chambre et son lit et accomplissent tous ses désirs. Au bout de ces trois jours et trois nuits, elles partent et six autres arrivent et ainsi de suite durant toute l'année, tous les trois jours et toutes les trois nuits les jeunes filles sont changées six par six.

LXXXII
Les fils du grand Khan

Le Seigneur a de ses quatre femmes vingt-quatre fils, dont l'aîné s'appelait Tchinkim pour l'amour du bon Gengis Khan, le premier seigneur des Tartares. Ce Tchinkim, le fils aîné du Khan, devait régner après la mort de son père. Mais il arriva qu'il mourut, en laissant derrière lui un fils prénommé Temur. Ce dernier doit alors être grand Khan et seigneur après la mort de son aïeul. Cela est légitime car il était né du fils aîné du grand Khan. J'ajoute que Temur est plein d'expérience et brave, il l'a déjà prouvé à plusieurs reprises. Sachez également que le grand Khan a encore vingt-cinq autres fils de ses concubines qui sont bons et vaillants en armes, et chacun d'eux est un grand seigneur. J'ajoute que sept de ses enfants qu'il a eus avec quatre de ses épouses légitimes sont rois de grands royaumes et provinces. Ils gouvernent tous bien, car ils sont des hommes sages et d'expérience. Sachez que leur père, le grand Khan, est l'homme le plus expérimenté et le plus preux de tous, le meilleur capitaine, le meilleur chef d'hommes et gouverneur d'empire de la plus grande bravoure qui ne fut jamais chez les Tartares.

Maintenant que je vous ai parlé du grand Khan, de ses femmes ainsi que de ses fils, je vais vous décrire la façon dont il tient sa cour.

LXXXIII

Le palais du grand Khan

Sachez que le Seigneur habite dans la capitale de la Chine, qui s'appelle Pékin, trois mois par an, à savoir : aux mois de décembre, janvier et février. Il a son grand palais dans cette ville que je vais vous décrire.

Il y a d'abord un grand mur carré qui fait un mille de côté, c'est-à-dire qui mesure au moins quatre mille. Il est donc très grand, a bien dix pas [1] de haut, et est tout blanc et com-

1. Le pas est une mesure de longueur qui correspond environ à 82,21 centimètres.

porte des créneaux. À chaque coin de ce mur, il y a un très beau et magnifique palais où se trouve l'armement du seigneur, à savoir : arcs, carquois, selles, freins, cordes à arc et tout ce qui est nécessaire à une armée. Il y a encore entre ces deux palais un autre semblable à ceux des quatre coins, de telle sorte qu'il y a tout autour de l'enceinte huit très grands palais tous pleins de l'armement du grand seigneur. Mais comprenez bien que dans chacun des palais il n'y a qu'une seule chose, car si un palais est plein d'arcs, l'autre est plein de selles, l'autre plein de freins. Il en est ainsi pour chacun d'eux qui ne contient qu'un seul type d'armement. Ce mur a sur le côté sud cinq portes, dont une qui se trouve au milieu et ne s'ouvre pas, si ce n'est quand on sort tout l'armement pour une guerre. De chaque côté de cette grande porte, il y en a deux, ce qui fait un total de cinq portes avec la grande du milieu. Tous les autres gens entrent par les quatre plus petites portes, mais ces dernières ne sont pas les unes à côté des autres : il y en a deux aux deux coins de ce même côté et les deux autres sont sur le côté de la grande porte qui est elle-même au milieu.

Au centre de ce côté sud du mur, à un mille de l'intérieur de ce mur, s'en trouve un autre qui est un peu plus long que large. L'enceinte comprend également huit palais identiques à ceux qui se trouvent à l'extérieur où est rangé l'armement du Seigneur comme dans les autres. Il y a également cinq portes sur le côté sud qui ressemblent à celles qui se trouvent dehors ; et puis à chacun des autres coins se trouve une porte. Au milieu de ces deux murs se trouve le grand palais du Seigneur qui est comme je vais vous le dire.

Sachez qu'il est le plus grand qu'on ait jamais vu. Il n'a pas d'étage, mais est de plain-pied, et le pavement est plus haut de dix paumes [1] que le sol autour. Le toit est très haut, les murs du palais ainsi que les chambres sont tout couverts d'or et d'argent. On y trouve peints des dragons, des bêtes, des oiseaux, des chevaliers et des images de plusieurs autres choses encore. Le toit n'est fait que d'or, d'argent et de peinture. La salle principale est si grande et si large que bien six mille personnes y mangeraient. Il y a un si grand nombre de pièces que c'est une merveille à voir. Le palais est si grand, si beau et si riche qu'il n'y a pas un homme au monde qui sut mieux le concevoir. Les poutres du toit sont toutes de couleur : rouge, jaune, vert, bleu et d'autres encore. Elles sont

1. La paume est une unité de mesure qui se base sur la taille de la paume de la main.

si bien et si délicatement vernies qu'elles brillent comme du cristal, aussi le palais brille très loin aux alentours. Sachez que ce toit est si solidement fait qu'il peut durer toujours.

Entre les deux murs d'enceinte dont je vous ai parlé, il y a beaucoup de belles prairies, de beaux arbres fruitiers de différentes sortes et des bêtes de diverses espèces comme des cerfs, des daims, des chèvres, des biches, des écureuils de plusieurs espèces, des bêtes dont on tire le musc en grande abondance, et de diverses autres espèces très belles et très variées. Il y en a tant que tout est plein et il n'y a d'autres chemins que là où les gens vont et viennent.

D'un coin à l'autre, il y a un très beau lac dans lequel se trouvent plusieurs espèces de poissons et en quantité, car le Seigneur les y a fait mettre et chaque fois qu'il en veut, il en prend selon son désir. J'ajoute qu'il y a un fleuve qui y entre et y sort, mais il est fait de telle sorte qu'aucun poisson ne peut en sortir, à cause du filet de fer ou de cuivre qui l'en empêche. Il y a également vers le nord, à une distance d'une portée de flèche du palais, une hauteur artificielle qui est bien haute de cent pas et a bien mille de longueur. Cette colline est pleine et couverte d'arbres qui, en aucune saison, ne perdent leurs feuilles, et sont tout le temps vertes.

J'ajoute que lorsque le Seigneur apprend qu'il y a un bel arbre quelque part, il le fait chercher avec toutes ses racines et toute la terre qui l'entoure. Puis il le fait porter et planter sur la colline. Ce sont ses éléphants qui le transportent, aussi gros que l'arbre peut être. C'est ainsi qu'il a les plus beaux arbres du monde. Je précise également que le Seigneur fait couvrir cette colline de lapis-lazuli qui sont d'un très beau vert, ainsi les arbres sont tout verts, la colline aussi, en sorte que l'on ne voit autre chose que du vert ; c'est la raison pour laquelle cette colline est appelée le « Mont Vert » ; elle mérite bien ce nom !

Au sommet de la colline, il y a un très beau et grand palais qui est tout vert à l'extérieur et à l'intérieur, en sorte que la colline, les arbres et le palais sont une très belle chose à voir, et si agréable pour ce vert qu'ils ont en commun que c'est une merveille, et tous ceux qui le voient éprouvent du bonheur et de la joie. Le grand Khan l'a fait ainsi afin d'avoir ce plaisir, et qu'il pût réconforter et apporter joie à son cœur.

LXXXIV
Description du palais du fils du grand Khan

Sachez également que, à côté de ce palais, le Seigneur en a fait construire un autre semblable au sien, auquel il ne manque rien. Il l'a fait bâtir pour son fils quand il régnera et sera seigneur. C'est la raison pour laquelle il a été fait à l'identique et aussi grand afin que son fils puisse vivre selon les mêmes us et coutumes que lui après son décès. Il a déjà le sceau de l'empire mais pas avec autant de pouvoir que le grand Khan, aussi longtemps que ce dernier vivra.

Je vous ai décrit les palais du grand Khan et de son fils. Je veux à présent vous parler de la capitale de la Chine, là où se trouvent ses palais, et vous dirai pourquoi et comment elle fut créée. Elle s'appelle Pékin.

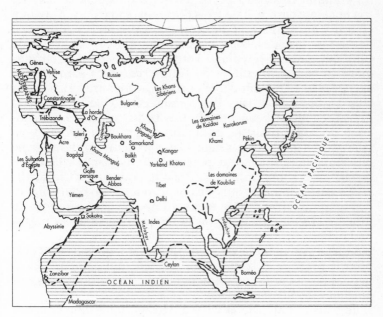

Voyage en Chine et voyage de retour

Description de la grande ville de Pékin

Il est vrai qu'il y avait jadis une grande et illustre ville nommée Cambaluk, qui signifie dans notre langue : « la ville du seigneur ». Le grand Khan apprit par ses astrologues que cette ville allait se révolter et s'opposer à l'empire. C'est la raison pour laquelle le grand Khan fit construire cette ville de Pékin à côté d'elle, toutes deux séparées seulement par un fleuve. Il fit transporter les gens de cette ville et les installa dans celle qu'il avait construite.

Je vais vous dire à quel point elle est grande : elle a vingt-quatre milles de circonférence, chaque côté à six milles, car elle est toute carrée. Elle est toute entourée de murs en terre qui sont épais de bien dix pas en bas, mais ils ne sont pas si gros au-dessus, car ils sont de plus en plus étroits en remontant, de sorte qu'ils sont épais de trois pas avec des créneaux qui sont blancs. Ces murs sont hauts de plus de dix pas. Cette ville a douze portes, et sur chacune des portes il y a un grand et très beau palais, en sorte qu'à chaque côté de son enceinte carrée, il y a trois portes et cinq palais. À chaque coin il y a un très grand et très beau palais. Il y a dans ce dernier de grandes salles où sont entreposées les armes de ceux qui gardent le palais. Toutes les rues sont si étroites que l'on voit d'un côté et de l'autre, car elles sont si bien agencées que l'on voit d'une porte à l'autre à travers toute la ville au bout de la rue. Il y a dans cette ville de beaux et grands palais et beaucoup de très belles auberges et beaucoup de belles maisons en quantité. Il y a au milieu de la ville un très grand palais dans lequel il y a une grande cloche qui sonne la nuit afin que personne n'aille par la ville après qu'elle aura sonné trois fois. Ensuite personne n'ose sortir, si ce n'est les femmes qui doivent accoucher ou pour soigner des gens malades. Ceux qui sortent doivent se munir de lumière. J'ajoute qu'il est ordonné que chacune des portes de la ville soit gardée par mille hommes armés. Ne croyez pas qu'ils craignent la venue de quelqu'un, mais ils font cela pour le prestige et la gloire du seigneur qui demeure en ce lieu, et aussi car ils ne veulent pas que des officiers fassent quelques dégâts par la ville.

Je vous ai parlé de la ville, je vais en faire de même des hommes, de la manière dont le Seigneur tient sa cour et ses habitudes, comme vous allez l'entendre.

LXXXV

Les douze mille cavaliers appelés Quésitan
qui gardent le grand Khan

Sachez que le grand Khan se fait garder pour son prestige par douze mille cavaliers qui sont appelés Quésitan, qui signifie en français : « chevaliers fidèles au seigneur ». Il ne le fait pas par crainte de qui que ce soit, mais pour sa magnificence. Les douze mille hommes ont quatre capitaines, et chacun d'eux commande trois mille hommes, et ces trois mille hommes séjournent au palais du Seigneur trois jours et trois nuits. Ils y mangent et y boivent. Puis ils s'en vont au bout de ces trois jours et trois nuits, et arrivent trois mille autres qui montent la garde autant de temps, puis ils partent et d'autres arrivent. En sorte que le grand Khan est toujours gardé par trois mille hommes qui s'appellent Quésitan, comme je vous l'ai dit, jusqu'à douze mille. Puis ils recommencent et c'est ainsi l'année durant.

Quand le grand Khan fait un banquet à l'occasion d'une réunion de sa cour, il s'assied de la manière suivante : sa table est beaucoup plus haute que les autres. Il s'assied au nord, le visage tourné vers le sud, et sa première épouse est assise à côté de lui, à sa gauche. À la droite, un peu plus bas, sont assis ses fils, ses neveux, ses parents, et ceux qui sont de lignée impériale. Ils sont si bas que leur tête est à la hauteur des pieds du grand Sire. Puis les autres officiers sont assis aux autres tables plus bas. Il en est de même pour les femmes, car toutes celles des fils du seigneur, de ses neveux et de ses autres parents s'assoient à gauche également plus bas. Après toutes les autres épouses des officiers et des chevaliers s'installent également plus bas, car chacun a la place que lui a assignée le Seigneur. Les tables sont disposées de telle sorte que le Seigneur peut toutes les voir d'un bout à l'autre, et il y a beaucoup de gens. En dehors de cette salle, il y a plus de quarante mille personnes qui viennent porter au Seigneur quantité de présents. Ce sont des étrangers qui apportent des choses de leur pays.

Dans un coin de cette salle où le Khan fait son banquet, il y a un grand vase d'or qui contient autant de vin qu'un tonneau. De chaque côté de ce grand vase, il y en a un petit, en sorte que le vin coule du grand dans les petits qui sont à côté et plein de bonnes boissons épicées très délicieuses et de grande qualité. On tire le vin avec de grandes coupes d'or fin, qui sont si grandes que dix personnes trouveraient de quoi boire. On met ce vase entre deux personnes, et puis deux autres petites coupes à pied avec des anses en or, en sorte que chacun prend du vin dans le vase qui se trouve entre eux deux. Les dames ont également les leurs. Sachez que ces vases et ces coupes sont d'une grande valeur, car le grand Khan a une telle quantité de cette vaisselle et d'autres en or et en argent qu'il n'est personne qui pourrait le croire pour l'avoir entendu sans l'avoir vu.

LXXXVI
Description de la fête
pour l'anniversaire du grand Khan

Sachez que tous les Tartares fêtent chaque année leur anniversaire. Le grand Khan est né le vingt-huitième jour de la lune du mois de septembre. Ainsi, le jour de la lune du mois de septembre, il fait la plus grande fête de toute l'année, à l'exception de celle du début de l'année dont je vous parlerai plus loin.

Sachez que le jour de sa naissance, le grand Khan s'habille avec les plus belles étoffes d'or battu. Puis douze mille officiers et chevaliers s'habillent ce même jour de manière identique, et de la même couleur que celle portée par le grand Khan. Ces habits ne sont pas si chers, mais ils ont la même couleur et ce sont des étoffes de soie et d'or. Ils portent, en outre, chacun d'eux, une ceinture en or, et ces vêtements que leur a donnés le seigneur. Je vous affirme que parmi ces vêtements, il y en a qui ont tant de perles et de pierres précieuses dessus qu'ils valent bien dix mille besants d'or[1]. Ces vêtements sont en nombre. Sachez que le grand Khan donne, treize fois l'an, à chacun de ses douze mille officiers et chevaliers des vêtements comme ceux dont je viens de vous parler, et à chaque fois il s'habille avec eux d'une seule cou-

1. Le besant est une ancienne monnaie d'or ou d'argent frappée à Byzance.

leur, qui est chaque fois différente. Vous pouvez noter que c'est là quelque chose d'incroyable, et qu'il n'y a pas un seigneur au monde qui pourrait réaliser et payer ainsi excepté lui.

Le jour de son anniversaire, tous les Tartares du monde, des régions et provinces qui lui sont soumis font un grand présent dont la valeur a été fixée en fonction des possibilités de chacun. Il y a également d'autres gens qui arrivent avec de grands présents afin d'obtenir la faveur du seigneur. Le grand Sire a désigné douze officiers qui sont chargés de donner à chacun ce qu'il leur semble convenable. Ce même jour, tous les idolâtres, tous les musulmans, tous les chrétiens et tous ceux d'autres confessions font de grandes oraisons et de grandes prières, chacun à son dieu respectif, cela accompagné de grands chants, de grandes lumières et de beaucoup d'encens, afin qu'ils protègent leur seigneur, lui donnent longue vie, joie et santé. C'est ainsi que se déroule dans la joie la fête de son anniversaire.

Nous cesserons de vous en parler, car nous en avons assez dit. Nous allons vous parler d'une autre grande fête qu'il fait au début de l'année et qui est appelée : « la Fête Blanche ».

LXXXVII

De la grande fête que fait le grand Khan
pour le début de l'année

Il est vrai que les Tartares font commencer le début de l'année au mois de février, et que le grand Sire ainsi que tous ses sujets font une fête telle que je vais vous le raconter.

Il est d'usage que le grand Khan et tous ses sujets s'habillent tous de vêtements blancs, en sorte que ce jour-là, hommes et femmes, petits et grands, sont tous vêtus de blanc. Ils le font car il leur semble qu'un vêtement de cette couleur porte bonheur et chance. C'est la raison pour laquelle ils s'habillent ainsi au début de l'année, afin qu'ils puissent avoir de la joie toute l'année. Ce jour-là, tous les gens de toutes les provinces, régions, royaumes et contrées qui lui sont soumis lui apportent de grands présents : or, argent, perles, pierres précieuses et beaucoup de riches étoffes. Ils font cela afin que toute l'année le Seigneur puisse avoir une grande richesse, bonheur et joie. Ils s'offrent également les uns les autres des présents de couleur blanche, s'embrassent et se réjouissent du fait que toute l'année ils aient bonheur et joie. Sachez que ce jour-là, le Seigneur reçoit comme présents de différentes régions déterminées plus de cent mille chevaux blancs très beaux et de très grande valeur. Ce jour-là, tous ses éléphants, qui sont bien au nombre de cinq mille, sont tous recouverts d'étoffes décorées, très belles et de grande valeur ; chacun porte sur son dos deux coffres très beaux et de valeur qui sont remplis de l'argenterie du Seigneur et de tout l'équipement nécessaire à cette cour pour la Fête Blanche. Arrive également un grand nombre de chameaux, eux aussi couverts de précieuses étoffes et chargés de ce dont la cour a besoin pour cette fête. Ils défilent tous devant le grand Seigneur, et c'est la plus belle chose qui soit au monde.

J'ajoute que, le matin de cette fête, avant que les tables ne soient dressées, tous les rois, barons, les comtes, les ducs, marquis, chevaliers, astrologues, philosophes, médecins, fauconniers et autres officiers des terres alentour se présentent dans la grande salle, devant le Seigneur. Ceux qui ne peuvent entrer restent à l'extérieur, mais de telle sorte que le Seigneur puisse tous les voir. Ils sont rangés de la manière suivante : il y a tout d'abord ses fils et ses neveux, ceux de la lignée impériale. Il y a ensuite les rois, puis les ducs, puis tous, les uns après les autres, suivant la place qui lui revient. Lorsque chacun est ainsi à sa place, alors se lève un des hommes les plus sages qui dit à haute voix : « Prosternez-vous et adorez. » Aussitôt qu'il l'a dit, ils s'inclinent sur-le-champ, front contre terre, et adressent leurs prières au Seigneur. Ils l'adorent comme s'il était un dieu ; ils le font quatre fois. Puis ils se dirigent vers un autel qui est très bien orné, sur lequel il y a une table rouge où est écrit le nom du grand Khan. Il y a un bel encensoir en or qui encense cette table et l'autel en grande cérémonie. Ensuite, chacun retourne à sa place.

Une fois qu'ils ont tous fait cela, ils s'offrent les présents dont je vous ai parlé, qui sont d'une très grande valeur. Quand les présents sont faits, et que le Seigneur les a tous vus, on dresse les tables. Une fois cela fait, chacun s'assied à sa place selon l'ordre dont je vous ai précédemment parlé. Quand ils ont mangé, arrivent les jongleurs qui amusent la cour comme je vous l'ai déjà raconté. Cela fait, chacun s'en retourne chez soi.

Je vous ai donc parlé de la Fête Blanche pour le début de l'année, je vais vous raconter à présent quelque chose de magnifique que le seigneur fait de ses vêtements, à savoir leur don à ses officiers pour qu'ils viennent aux fêtes fixées dont je vous ai parlé.

LXXXVIII

Des douze mille officiers qui ont chacun treize sortes d'habits d'or du grand seigneur pour ces grandes fêtes

Sachez bien que le grand Khan a désigné douze mille de ses hommes, nommé Quésitan, comme je vous l'ai dit précédemment. Il donne à chacun de ses douze mille officiers treize vêtements différents l'un de l'autre, à savoir que douze mille sont d'une même couleur, puis douze mille autres d'une autre couleur, en sorte que ces treize habits sont de couleurs différentes. Ils sont ornés de pierres précieuses et portent d'autres éléments très beaux et de très grande valeur. Il donne également à chacun de ces douze mille officiers avec chaque habit, treize fois dans l'année, une ceinture d'or très belle et de très grande valeur. Il leur donne, de plus, une paire de chaussures en peau de *camut*, c'est-à-dire en cuir de Russie, piquées très finement de fil d'argent, en sorte que, lorsqu'ils sont habillés, chacun d'eux paraît être un roi. Il est précisé, pour chacune de ces treize fêtes, l'habit qu'ils doivent porter. Le Seigneur a treize habits de même couleur que ceux de ses officiers, mais ils sont plus splendides et de plus grande valeur. Cela coûte une telle fortune qu'il serait difficile de l'évaluer. Ainsi, il s'habille de la même couleur que ses officiers qui paraissent être ses compagnons.

Je vous ai donc décrit les treize habits que les douze mille officiers reçoivent de leur seigneur, qui totalisent cent cinquante-six mille vêtements de la beauté et de la si grande valeur que je vous ai raconté, sans compter les ceintures et les chaussures qui valent aussi une fortune. Le grand Sire a fait faire tout cela pour que ses fêtes soient les plus prestigieuses et les plus grandes. J'ajouterai autre chose que j'avais oublié de raconter et qui vous semblera être une grande merveille à apprendre dans ce livre. Sachez que, le jour de la fête, un grand lion est amené devant le Seigneur et aussitôt qu'il voit ce dernier, il se couche devant lui faisant signe de grande humilité, semblant le reconnaître pour son seigneur. Il reste ainsi devant lui sans être enchaîné. C'est assurément une chose fort étrange à entendre pour tous ceux qui ne l'ont pas vu.

CLVIII
L'île du Japon

Le Japon est une île à l'est, qui est en haute mer, loin de la terre ferme à une distance de mille cinq cents milles. Elle est très grande. Les habitants sont blancs et ont une belle allure. Ils sont idolâtres et ont leur propre gouvernement. J'ajoute qu'ils possèdent tant d'or qu'on ne peut le compter, car ils le trouvent dans l'île. Il y a peu de marchands qui se rendent dans cette île tant elle est loin de la terre ferme, c'est également la raison pour laquelle ils possèdent tant d'or.

Je vais vous raconter une grande merveille qui concerne le palais du seigneur de cette île. Sachez qu'il y a un grand palais entièrement recouvert d'or fin, de la même façon que sont recouvertes de plomb nos églises, en sorte que ce palais a une valeur que l'on ne peut évaluer. De même tout le pavement du palais et de ses pièces est en or, et constitué d'épaisses pierres de taille larges de bien deux doigts d'épaisseur. Les fenêtres sont identiques, de sorte que ce palais est d'une telle richesse que personne ne pourrait le croire. Ils ont des poules rouges qui sont très bonnes à manger, et ont aussi une grande quantité de pierres précieuses.

Je vous dis que, à cause de la grande richesse de cette île dont on parla à Khoubilaï Khan, ce dernier voulait s'en emparer. Il envoya deux de ses officiers avec une grande quantité de navires, et de nombreux soldats à cheval et à pied. L'un de ses officiers s'appelait Alagan, le second Fan-We-Hou. Ces deux officiers étaient expérimentés et de grande valeur. Ils partirent avec toute leur armée du port de Quanzhou et prirent la mer. Ils naviguèrent tant qu'ils arrivèrent à ladite île, descendirent à terre et prirent toute la plaine et le village, mais ils ne virent ni château ni ville à leur arrivée. Il leur arriva une mésaventure que je vais vous raconter.

Sachez que le vent du nord souffla si fort qu'il fit beaucoup de dégâts dans cette île, car il y avait peu de ports. Il venta si fort que le navire du grand Khan ne put résister. Lorsqu'ils virent cela, ils se dirent que s'ils restaient ils seraient tous perdus. Ils montèrent dans leur navire, mirent les voiles, et partirent. Quand ils eurent quelque peu navigué, ils trouvèrent une petite île qu'ils atteignirent malgré eux. Leur navire se brisa et beaucoup de soldats périrent. Il ne réchappa qu'environ trente mille hommes, qui se réfugièrent sur cette île. Ils se sentaient en danger car ils n'avaient aucun vivre et une très grande angoisse car les navires qui avaient réchappé s'en retournaient chez eux, à toute vitesse, et ne revenaient pas en arrière pour les secourir. La raison était que les deux officiers, chefs de l'armée, se haïssaient beaucoup et étaient jaloux l'un de l'autre, car l'officier qui s'en tira ne daigna pas retourner secourir son compagnon qui était resté sur l'île, comme vous venez de l'entendre. Il aurait bien pu faire marche arrière une fois que la tempête – qui ne dura guère – cessa. Mais il ne le fit pas et s'en retourna tout droit dans son pays. Sachez que cette île où certains s'étaient réfugiés était inhabitée.

CLIX

Les hommes du grand Khan restés sur l'île prise. Prise de la capitale du Japon

Sachez que ceux qui étaient restés sur l'île, qui étaient bien au nombre de trente mille hommes, comme je vous l'ai raconté, se tenaient pour morts parce qu'ils ne voyaient pas comment ils pourraient s'en sortir. Quand le roi de la grande île sut qu'ils avaient échappé à la tempête sur cette petite île et que le reste de l'armée était en déroute, il en fut très heureux. Il fit rassembler tous les bateaux qui étaient dans la grande île. Ils se rendirent à la petite île et y débarquèrent. Quand les Tartares les virent arriver et débarquer en laissant leurs bateaux sans surveillance – car ils ne craignaient personne –, avisés comme ils l'étaient, ils firent mine de fuir et atteignirent les bateaux ennemis, y embarquèrent car ils ne trouvèrent nulle résistance.

Quand ils furent à bord, ils partirent immédiatement et allèrent à la grande île et accostèrent. Ils portaient les étendards et les drapeaux du seigneur de ladite île, et se rendirent à la capitale. Les gens de cette dernière ne se doutaient de rien car ils voyaient leurs bannières, pensant alors que c'était des gens à eux et les laissèrent entrer. Une fois qu'ils furent à l'intérieur, ils s'emparèrent des forteresses et expulsèrent tous ceux qu'ils trouvèrent, sauf les belles dames, qu'ils gardèrent pour eux. C'est ainsi que les hommes du grand Khan prirent cette ville. Quand le roi de cette grande île ainsi que son armée s'aperçurent qu'ils avaient perdu la ville et leur flotte, ils en furent attristés. Mais ils embarquèrent et se rendirent sur leur île. Le roi fit immédiatement réunir son armée et fit le siège autour de la ville de telle sorte que personne ne pouvait ni entrer ni sortir. Ceux de l'intérieur tinrent sept mois et cherchèrent par tous les moyens, nuit et jour, comment informer le grand Khan de la situation. Mais tout cela ne servit à rien, car ils ne pouvaient l'avertir. Quand ils virent qu'ils ne pouvaient plus tenir, ils se rendirent et eurent la vie sauve, mais ils ne pourraient plus jamais quitter l'île. Cela se passa en l'an de Notre Seigneur 1279. Le grand Khan fit décapiter l'officier qui s'était lâchement enfui. En ce qui concerne celui qui était resté dans l'île, il fit en sorte de le faire mourir car il ne s'était pas bien comporté comme un homme d'armes doit le faire.

Je vous raconterai encore une autre merveilleuse chose qui arriva à cette occasion et que j'avais oubliée. Sachez que lorsque le grand Khan envoya son armée à la conquête de la grande île et que ses hommes prirent la plaine, comme je vous l'ai raconté plus haut, ils prirent par la force une tour de ceux de l'île qui ne voulaient pas se rendre, et décapitèrent les hommes, si ce n'est celle de huit d'entre eux à qui l'on ne pouvait trancher la tête en aucun cas. Cela était dû au pouvoir des pierres précieuses qu'ils avaient dans leurs bras, entre la chair et la peau, placées de telle sorte qu'on ne les voyait pas à l'extérieur. Ces pierres étaient si magiques et avaient un tel pouvoir que celui qui les portait ne pouvait mourir par le fer. Quand cela fut dit aux officiers, ces derniers les firent mourir à coups de bâton. Quand ils furent morts, ils firent extraire de chacun la pierre comme quelque chose de très précieux.

Nous cesserons de parler de cela maintenant, et retournerons à notre sujet.

CLXX

Le lieu où se trouve le corps de saint Thomas l'apôtre, et ses miracles

Le corps de monseigneur saint Thomas se trouve dans cette région de Coromandel, dans une petite ville où il n'y a guère d'habitants ; peu de marchands s'y rendent car c'est un endroit égaré. Mais les chrétiens et les musulmans y viennent en pèlerinage en nombre, car les musulmans ont une grande dévotion pour ce saint. Ils disent qu'il fut musulman et grand prophète, et l'appellent Avarian, ce qui signifie en français « saint homme ». Les chrétiens qui s'y rendent en pèlerinage prennent de la terre où le saint est mort, en donnent au malade qui a de la fièvre quarte ou tierce, et aussitôt, par le pouvoir de Dieu et du saint, le malade guérit. Il arriva un très beau miracle en 1288, comme je vais vous le raconter.

Un homme de cette région qui avait de sa récolte une grande quantité de riz, en avait rempli tous les édifices autour de l'église. Les chrétiens qui gardent l'église étaient très consternés du fait qu'il eût rempli les édifices car les pèlerins n'avaient nul endroit où se loger. Ils supplièrent à plusieurs reprises cet homme idolâtre de bien vouloir les vider, mais il n'en voulait rien faire. Une nuit, le saint vint avec un bâton à la main, lui mit sur la nuque et lui dit : « Ou tu fais vider mes bâtiments ou tu meurs d'une mort cruelle. »

Quand le matin arriva, celui qui pensait mourir à présent fit vider lesdits bâtiments, et raconta à tout un chacun ce qui lui était arrivé avec le saint. Les chrétiens en furent joyeux, ce fut un très grand et très beau miracle. Ils rendirent grâce à Dieu et au béni saint Thomas l'apôtre. D'autres grands miracles se produisirent souvent là : la guérison de malades, d'estropiés, d'aucuns souffrant d'autres maux encore, et cela principalement en faveur des chrétiens.

Je vais vous dire comment les frères chrétiens qui gardent l'église racontent comment il fut tué. Ils disent que le saint homme était dans son ermitage où il faisait ses prières. Il y avait là plusieurs paons qui l'entouraient, car il y en a dans ce pays plus qu'ailleurs. Un des idolâtres de ce pays, appartenant à la tribu appelé Gavi, était allé avec son arc et ses flèches pour chasser ces paons qui étaient autour de lui. Il tira une flèche en pensant atteindre un paon, mais il frappa le saint homme au côté droit, en sorte qu'il mourut sur le coup. Il était, avant de mourir, allé en Nubie où il convertit beaucoup de gens à la foi chrétienne.

Quand les enfants naissent, ils sont tout noirs, parce que plus ils sont noirs plus ils les apprécient. Ils les prennent quand ils naissent, les enduisent chaque semaine d'huile de sésame, et ils deviennent aussi noirs que le diable. Ils imaginent leurs dieux noirs et le diable blanc ; et font peindre leurs idoles tout en noir.

Quand ils vont à la guerre, comme ils ont une grande foi dans le bœuf et qu'ils le considèrent comme un animal saint, ils prennent des poils des bœufs sauvages et en mettent au cou de leur cheval. Un soldat sans monture met de ces poils sur son bouclier ou dans ses cheveux, c'est la raison pour laquelle ce poil a une grande valeur. Ils en utilisent en quantité, car aucun de ceux qui vont à la guerre n'est rassuré s'il n'a sur lui de ce poil de bœuf, car ils croient que quiconque en porte sera sauf durant la bataille.

CLXXXIII

**De deux îles qui sont appelées l'une Mâle
et l'autre Femelle,
car dans l'une ne vivent que des femmes
et dans l'autre que des hommes,
c'est pour cela qu'on les nomme ainsi**

Quand on part de ce royaume de Mekran, qui est en terre ferme, et que l'on a voyagé par mer environ cinq cent milles vers le sud, on trouve alors deux îles Mâle et Femelle. Une distance d'environ trente milles les sépare l'une de l'autre. Les habitants sont chrétiens, baptisés, et suivent les règles de l'Ancien Testament : quand les femmes sont enceintes, les hommes n'ont plus de rapports sexuels avec elles. De même, lorsqu'elles ont une fille, ils n'ont pas de rapports avec elles avant quarante jours.

Les hommes vivent dans l'île qui est appelée Mâle. Lorsque le mois de mars arrive, tous les hommes quittent leur île pour l'autre, cela tous les ans, et ils y demeurent trois mois, à savoir en mars, avril et mai. Durant ces trois mois, ils prennent leur plaisir avec leur femme. Ils retournent dans leur île au bout de ces trois mois, travaillent et font du commerce durant les neuf autres mois.

Ils ont, dans cette île, beaucoup d'ambre très fin. Ils se nourrissent de viande, de lait et de riz. Ils sont de très bons pêcheurs, et prennent dans la mer beaucoup de bons et gros poissons. Ils en prennent en si grandes quantités qu'ils les font sécher, et ont ainsi à manger durant toute l'année. Ils en vendent également aux marchands de passage. Ils n'ont pas de seigneur, mais ont un évêque qui est subordonné à l'archevêque d'une autre île, dont nous parlerons plus loin, qui s'appelle Socotra. Ils ont leur propre langue. En ce qui concerne les enfants qu'ils ont avec leur femme : s'il s'agit d'une fille, elle demeure avec la mère ; s'il s'agit d'un garçon, la mère le nourrit pendant quatorze ans, puis l'envoie chez son père. Telle est la coutume de ces deux îles. Les femmes ne font que nourrir les enfants et cueillir les fruits qui se trouvent dans leur île, car les hommes leur fournissent tout ce dont elles ont besoin.

CLXXXV
De l'île de Mogadiscio

Mogadiscio est une île qui se trouve vers le sud, à une distance de mille milles de Socotra. Tous les habitants sont musulmans et adorent Mahomet. Il y a quatre vieillards qui, dit-on, gouvernent cette île. Sachez que cette île est très illustre et belle. Elle est la plus grande du monde, car sa superficie est d'environ quatre mille milles. Les habitants vivent du commerce et de l'artisanat. Je vous assure qu'il y a dans cette île plus d'éléphants que dans nul autre endroit du monde. Il y en a également beaucoup dans une autre île appelée Zanzibar dont nous parlerons plus loin, car dans ces deux îles, ils font un tel commerce des éléphants que c'est une grande merveille. Ils ne mangent, dans cette île, d'autre viande que celle de chameau. Ils en tuent tant chaque jour que personne ne pourrait le croire s'il ne l'avait vu. Ils disent que c'est la meilleure viande et la plus saine du monde, c'est la raison pour laquelle ils en mangent toujours.

Ils ont dans cette île beaucoup d'arbres de santal rouge qui sont très bons. Ils en ont tant que leurs forêts en sont pleines. Ils ont de l'ambre en grande quantité car il y a beaucoup de baleines dans cette mer qu'ils pêchent en quantité. Il y a également des cachalots qui sont de grands poissons qui ont également de l'ambre en quantité, tout comme les baleines. Ils ont des léopards, des ours et des lions en grande quantité, et d'autres bêtes sauvages également en nombre. C'est la raison pour laquelle beaucoup de marchands et de grands navires y viennent y faire du profit. Sachez que cette île est tellement au sud que les navires ne peuvent aller plus loin vers d'autres îles, si ce n'est à celle dont nous vous parlerons après qui s'appelle Zanzibar. Cela est dû au fait que le courant de l'eau est toujours si fort vers le sud que les navires ne pourraient revenir en arrière. Je vous assure que les navires qui viennent de Caromandel à Mogadiscio et à Zanzibar y arrivent si rapidement que cela est prodigieux. Ils arrivent, malgré la grande distance, en vingt jours, et quand ils veulent repartir en arrière, ils peinent plus de trois mois. Cela est dû à la force contraire du courant qui est très fort en direction du sud. Cette eau coule si fort vers le sud en toute saison que cela est prodigieux. On dit que c'est dans ces autres îles qui se trouvent au sud, où les bateaux ne peuvent aller de peur de ne pouvoir faire marche arrière, que l'on trouve les oiseaux griffons que l'on voit uniquement à certaines périodes de l'année. Mais ils disent qu'ils sont différents de ceux que nous connaissons. Ceux qui sont allés là-bas et les ont vus, racontèrent à Marco Polo qu'ils ressemblent à des aigles, mais ils sont démesurément grands car ils disent que leurs ailes couvrent bien trente pas et que leurs plumes sont longues d'au moins douze pas. Le griffon est si fort qu'il attrape un éléphant avec ses pattes et l'emporte très haut, puis le laisse tomber et le tue ainsi. Puis il descend sur lui et en mange tout son saoul. Les habitants de ces îles l'appellent *ruc*, et il n'a pas d'autre nom. Je ne sais s'ils ont d'autres oiseaux aussi grands, ou si ce sont les oiseaux griffons les plus grands ? Mais je vous assure qu'ils n'ont pas la forme que nous leur donnons, c'est-à-dire moitié lion, moitié oiseau ; ils sont différents et ressemblent à l'aigle.

Le grand Khan envoya des gens dans ces montagnes afin de s'enquérir de ces curiosités que lui racontèrent ceux qui y allèrent. Il les envoya également pour délivrer un de ses messagers qu'il y avait envoyé il y a longtemps et qui était prisonnier. Ils le délivrèrent donc et racontèrent au grand Khan beaucoup d'étranges choses, ainsi que de ces oiseaux. Ils lui rapportèrent deux dents d'un sanglier, qui étaient chacune si grandes qu'elles pesaient plus de quatorze livres. Ce sanglier avait de telles dents qu'il devait avoir été très grand ! Ils dirent qu'il y en avait d'aussi grands qu'un buffle. Ils ont aussi des girafes en quantité et des ânes sauvages. Ils ont tant de bêtes sauvages et étranges à voir que cela est prodigieux.

Il n'y a rien d'autre à raconter, aussi nous irons plus en avant, et vous parlerons de l'île de Zanzibar.

CLXXXVI
De l'île de Zanzibar

Zanzibar est une grande et illustre île qui s'étend sur environ deux mille milles. Tous les habitants sont idolâtres. Ils vivent dans un royaume et ont leur propre langue et ils ne paient tribut à personne. Ils sont grands et gros, mais ils ne sont pas aussi gros que grands, car je vous assure qu'ils sont si grands qu'ils ressemblent à des géants. Ils sont si forts que l'un peut bien porter une charge équivalente à quatre hommes. Ils sont tous noirs, tous nus, si ce n'est leurs attributs sexuels qu'ils couvrent. Ils ont les cheveux crépus et noirs comme le poivre. Ils ont des bouches si grandes, le nez si épaté, les lèvres si grosses, les yeux si grands et si rouges qu'ils ressemblent tous au diable et qu'ils sont très laids, et semblent être la chose la plus laide à voir au monde. Il y a là beaucoup d'éléphants, et il y en a tant que c'est une véritable merveille. Ils ont des lions tout noirs différents des nôtres. Ils ont également des lions et des léopards en quantité. Je vous certifie que tous leurs moutons et leurs brebis n'ont qu'une couleur : ils sont tout blancs et ont la tête noire. Il n'y en a pas d'autres, notez-le bien avec certitude. Ils ont également beaucoup de girafes qui sont très belles à voir.

Je vous dirai quelque chose concernant les éléphants : sachez que, lorsque le mâle veut s'accoupler avec la femelle, il fait une grande fosse dans la terre. La femelle s'y met à la renverse et le mâle monte dessus, comme le font l'homme et la femme, car son sexe se situe au niveau du ventre.

Les femmes de cette île sont les plus laides du monde, car elles ont des seins quatre fois plus grands et plus gros que n'importe quelle autre femme du monde. Les gens se nourrissent de riz, de viande, de lait et de dattes. Ils font un très bon vin de dattes, de riz, d'épices et de sucre aussi. On fait dans cette île un grand commerce, et y viennent beaucoup de marchands et de grands navires. Mais le commerce le plus important de cette île est celui des défenses d'éléphants dont ils ont une grande quantité. Ils ont également de l'ambre en quantité car ils ont beaucoup de baleines. Sachez qu'ils ont de nombreux et vaillants soldats qui ne redoutent pas la mer. Ils n'ont pas de chevaux et combattent sur des chameaux et sur des éléphants, sur lesquels ils ont des sortes de baraques en bois où se trouvent bien dix à quinze personnes avec lances, épées et pierres, de sorte qu'ils font de très grandes batailles grâce à cela. Ils n'ont pas d'armure mais des boucliers de cuir, des lances et des épées, de sorte qu'ils s'entre-tuent incroyablement. Quand ils veulent mener leurs éléphants en bataille, ils leur font boire beaucoup de vin, qui les rend à moitié ivres. Ils font cela car lorsque les éléphants ont bu, ils sont plus méchants et plus farouches et cela est mieux pour la bataille.

ANNEXES

Testament de Marco Polo
Tableau chronologique
Tableaux généalogiques
Bibliographie

Testament de Marco Polo, 9 janvier 1324

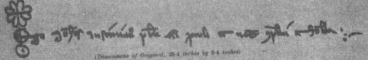

Tableau chronologique

Dates	Vie de Marco Polo	Faits historiques	Événements littéraires
1254	Naissance	Conflits à l'université de Paris	Rutebeuf : *Poèmes sur l'université*
1255		Retour de l'ambassade de Guillaume de Rubrouck	Jacques de Voragine : *La Légende dorée*
1257		Fondation d'un collège de théologie par Robert de Sorbon	Rutebeuf : *Le Dit de Guillaume de Saint-Amour*
1259		Traité de Paris (annexion du Languedoc)	Rutebeuf : *Le Dit des règles*
1260	Premier voyage des frères Polo (Nicolo et Maffeo, père et oncle de Marco) pour la Crimée		
1261	Départ de Maffeo et Nicolo pour l'Asie		Robert de Blois : *L'Enseignement des princes*
1264			Bruno Latini : *Livre dou Tresor*

1265	Maffeo et Nicolo Polo rentrent à Venise		
1270	Marco accompagne son père et son oncle pour le second voyage	Mort de Louis IX Règne de Philippe III	
1272		Édouard Ier est roi d'Angleterre	Baude Fastoul : *Congé*
1274		Concile de Lyon (union des Églises d'Orient et d'Occident)	*Grandes Chroniques de France*
1275	Marco arrive à Pékin		Jean de Meung : *Roman de la Rose*
1276		Fondation par Raymond Lulle d'un collège pour enseigner l'arabe aux missionnaires	Adam de la Halle : *Congés*
1277			Adam de la Halle : *Jeu de la Feuillée*
1285		Règne de Philippe Le Bel	
1291		Chute de Saint-Jean-d'Acre	
1292	Les Polo quittent la Chine		
1295	Retour à Venise		Dante : *La Vita nuova*

1298	Marco Polo est prisonnier des Génois. Il rencontre Rusticien de Pise. Rédaction de son livre		Marco Polo : *Le Livre des Merveilles*
1299	Retour de Marco Polo à Venise		
ca. 1300			Nicolas de Margival : *Dit de la Panthère d'Amour Passion du Palatinus* Jean de Condé : *Œuvres poétiques*
1303		Bataille de Courtrai	
1307	Remise d'une copie du *Livre des Merveilles* à Thibault de Cepoy	Procès des Templiers	
1309		Installation de la papauté à Avignon	Joinville : *Vie de Saint Louis*
ca. 1313			Dante : *La Divine Comédie*
1314		Règne de Louis X	Henri de Mondeville : *Chirurgie* Gervais du Bus : *Le Roman de Fauvel*
1316		Règne de Philippe V	Jean Maillart : *Roman du comte d'Anjou*
1322		Règne de Charles IV	
1324	Mort de Marco Polo		

Tableau généalogique de Gengis Khan

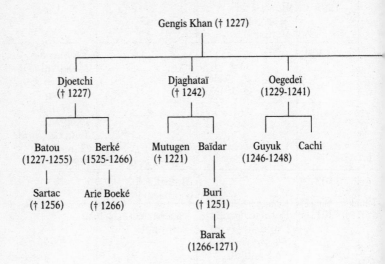

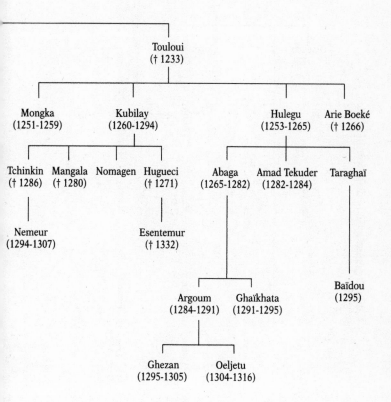

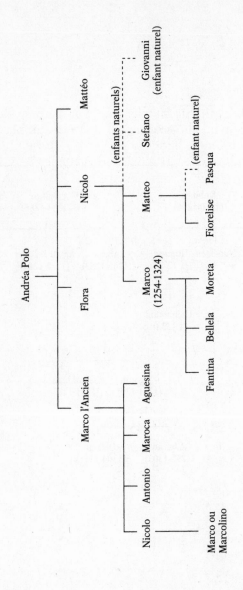

Tableau généalogique de la famille Polo

Bibliographie

Cette bibliographie n'a pas pour but d'être exhaustive, et ne propose qu'un choix sélectif d'ouvrages qui permettra au lecteur de prolonger et de compléter à sa guise sa lecture du livre de Marco Polo. Pour une bibliographie exhaustive sur Marco Polo et son récit de voyage, on consultera : H. Cordier, *Centenaire de Marco Polo*, Paris, Ernest Leroux, 1896 ; H. Cordier, *Bibliotheca sinica*, t. 3, 1906, col. 1694-1997 et t. 4, 1907, col. 3175 et H. Watanabe, *Marco Polo Bibliography (1477-1983)*, Tokyo, Tokyo Bunko, 1983.

Éditions du livre de Marco Polo en ancien français

Le Livre de Marco Polo, citoyen de Venise, conseiller privé et commissaire impérial de Khoubilaï-Khaan, édition établie par G. Pauthier, Paris, Firmin Didot, 1865. Rééd. : Genève, Slatkine, 1978.

Marco Polo, *La Description du monde*, édition, traduction et présentation par P.-Y. Badel, Paris, Le Livre de Poche, (coll. Lettres gothiques, 4551), 1997.

Marco Polo, *Le Devisement du monde*, édition critique publiée sous la direction de Ph. Ménard, Genève, Droz, 6 vol., 2001-...

Éditions fac-similés du livre de Marco Polo

Omont H., *Le Livre des merveilles. Marco Polo, Odoric de Pordenone, Mandeville, Hayton, etc. Reproduction des 265 miniatures du ms. fr. 2810 de la Bibliothèque nationale,*

Paris, Imprimerie Berthaud Frères, 2 vol., 1907. *Marco Polo.*

Marco Polo. Le Livre des merveilles, manuscrit français 2810 de la Bibliothèque nationale de France, Paris – Das Buch der Wunder. Handschrift Français 2810 der Bibliothèque nationale de France, Paris, Commentaires de F. Avril, M.-T. Gousset, J. Monfrin, J. Richard et M.-H. Tesniere avec une contribution de Th. Reimer, Luzern, Faksimile Verlag, 2 vol., 1996.

Gousset M.-T., *Marco Polo. Le Livre des merveilles du monde*, Paris, Bibliothèque de l'Image, 2002.

Traductions en français moderne du livre de Marco Polo

Le Livre de Marco Polo, traduit en français moderne et annoté d'après les sources chinoises par A. J. H. Charignon, Pékin, A. Nachbaur, 2 vol., 1924-1926.

Le Livre de Marco Polo, texte intégral mis en français moderne et commenté par A. T'Serstevens, Paris, Albin Michel, 1955.

Marco Polo, *La Description du monde*, édition, traduction et présentation par P.-Y. Badel, Paris, Le Livre de Poche, (coll. Lettres gothiques, 4551), 1997.

Marco Polo, *Le Devisement du monde*, texte intégral établi par A.-C. Moule et P. Pelliot, version française de L. Hambis, Paris, Klincksieck, 1955 – Rééd. : avec une introduction et des notes de S. Yerasimos, Paris, La Découverte, 2 vol., 1998.

Marco Polo. Le Livre des merveilles, extrait du *Livre des merveilles du monde* (ms. fr. 2810) de la Bibliothèque nationale de France, texte intégral traduit par M.-H. Tesnière, essai critique par F. Avril, commentaire aux images par M.-Th. Gousset, Tournai, La Renaissance du Livre, 1999.

Marco Polo, *Le Devisement du monde*, édité, présente, annoté par R. Kappler ; photographies de R. et S. Michaud, Paris, Imprimerie nationale, 2004.

Biographies de Marco Polo

Drège J.-P., *Marco Polo et la route de la soie*, Paris, Gallimard, (coll. Découvertes, nº 53), (1989), 1996.

Heers J., *Marco Polo*, Paris, Fayard, 1983.

Langlois G., « Marco Polo », *Histoire littéraire de la France*, Paris, Imprimerie nationale, 1921, t. 35, pp. 232-259.

Münkler M., *Marco Polo, Leben und legende*, Munich, Verlag C. H. Beck, 1998.

Zorzi A., *Vie de Marco Polo, voyageur vénitien*, traduit de l'italien par B. Guyader, Paris, Robert Laffont, 1983.

Autres récits de voyage du Moyen Âge

Guillaume de Rubrouck, *Voyage dans l'Empire mongol*, traduction française et commentaire par Cl. et R. Kappler, Paris, Payot, 1985.

Jacob d'Ancône. La Cité de lumière, texte établi et annoté par D. Selbourne, traduit de l'anglais par P.-E. Dauzat, Paris, Fayard, 2000. (Ce texte est vraisemblablement un faux.)

Jean de Mandeville, *Voyage autour de la terre*, traduction et commentaire par Ch. Deluz, Paris, Les Belles Lettres, 1993.

Jean du Plan Carpin, *Histoire des Mongols*, traduite et annotée par Dom J. Becquet et L. Hambis, Paris, Adrien-Maisonneuve, 1965.

Les Voyages en Asie du bienheureux frère Odoric de Pordenone, religieux de Saint-François, édités par H. Cordier, Paris, E. Leroux, 1891.

« Contre » Marco Polo

Barrett T. H., « Wall ? I saw no Wall », *London Review of Books*, vol. 17, nº 23, 30 novembre 1995, p. 28.

Blue G., « Marco Polo et les pâtes », *Médiévales*, 20, 1991, pp. 91-98.

Chesnaux J., « Marco Polo détrôné ? », *La Quinzaine littéraire*, 788, 1er au 15 juillet 2000, pp. 24-25.

Drège J.-P., « Marco Polo n'est jamais allé en Chine ! », *L'Histoire*, 199, 1996, pp. 6-7.

Landry I., « La Chine fantôme de Marco Polo », *Le Monde*, 5 avril 1996, p. II.

Laurioux B., O. Redon et B. Rosenberg (éd.), « Contre Marco Polo : une histoire comparée des pâtes alimentaires », *Médiévales*, 16-17, 1989, pp. 25-100.

Peter A., « Marco Polo est-il un faussaire ? », *L'Histoire*, 237, 1999, pp. 21-22.

Wood F., *Did Marco Polo go to China ?*, Boulder, Westview Press, 1995.

Pour approfondir le sujet

Badel P.-Y., « Lire la merveille selon Marco Polo », *Revue des sciences humaines*, t. LV, n° 183, 1981, pp. 7-16.

Bertolucci Pizzorusso V., « À propos de Marco Polo et de son livre : quelques suggestions de travail », in *Essor et fortune de la chanson de geste dans l'Europe et l'Orient latin. Actes du IXe Congrès international de la Société Rencesvals pour l'étude des épopées romanes, Padoue-Venise, 29 août-4 septembre 1982*, Modène, Mucchi Editore, 1984, t. II, pp. 795-801.

Bertolucci Pizzorusso V., « Enunciazone e produzione del testo nel *Milione* », *Studi Mediolatini e Volgari*, 25, 1977, pp. 5-43.

Chenevière A., *Voyages sur les traces de Marco Polo*, Paris, Vilo, 2000.

Chklovski V., *Le Voyage de Marco Polo*, traduit du russe par M. Slonim, introduction de K. Kounine, Paris, Payot, (1938), 1993.

Deluz C., « Ville et organisation de l'espace : la Chine de Marco Polo », in *Villes, bonnes villes, cités et capitales. Études d'histoire urbaine (XIIe-XVIIIe siècles) offertes à Bernard Chevalier*, textes réunis par Monique Bourin, Tours, Publications de l'université de Tours, 1989, pp. 161-168.

Gernet J., *La Vie quotidienne en Chine à la veille de l'invasion mongole (1250-1276)*, Paris, Hachette, 1959.

Grousset R., *L'Empire des steppes*, Paris, Payot, 1976.

Guéret-Laferté M., *Sur les routes de l'Empire mongol : ordre et rhétorique des relations de voyage aux XIIIe et XIVe siècles*, Paris, Champion, 1994.

Heers J., « De Marco Polo à Christophe Colomb : comment lire le *Devisement du monde* ? », *Journal of Medieval History*, vol. 10, n° 2, 1984, pp. 125-143.

Kappler C., *Monstres, démons et merveilles à la fin du Moyen Âge*, Paris, Payot, 1980.

Kosta-Théfaine J.-F., *Étude et édition du manuscrit de New York (Pierpont Morgan Library, M. 723, fol. 71r-107v) du « Devisement du monde » de Marco Polo.*, thèse de doctorat ès lettres, université de Paris IV-Sorbonne, 2002. Lille, Atelier de reproduction des thèses, 3 microfiches, 2003.

Mollat M., *Les Explorateurs du XIIIe au XVIe siècle. Premiers regards sur des mondes nouveaux*, Paris, Éditions du Comité des travaux historiques et scientifiques, 1992.

Rieger D., « Marco Polo und Rustichello da Pisa. Der Reisende und sein Erzähler », in *Reisen und Reiseliteratur im Mittelalter und in der Frühen Neuzeit*, herausgegeben von X. von Ertzdorff und D. Neukirch unter redaktioneller Mitarbeit von R. Schulz, Amsterdam-Atlanta, Rodopi, 1992, pp. 289-312.

Rossabi M., *Kubilaï Khan, empereur de Chine*, traduit de l'anglais par M. Leroy-Battistelli, Paris, Perrin, 1991.

Roux J.-P., *Histoire de l'Empire mongol*, Paris, Fayard, 1993.

Roux J.-P., *Les Explorateurs au Moyen Âge*, Paris, Fayard, 1985.

Taylor M., *Le Tibet. De Marco Polo à Alexandra David-Neel*, Fribourg, Office du livre, 1985.

Verdon J., *Voyager au Moyen Âge*, Paris, Perrin, 2003.

Wittkower, R., *L'Orient fabuleux*, traduit de l'anglais par M. Hechter, Paris, Thames & Hudson, 1991.

Wolfzettel F., *Le Discours du voyageur. Le récit en France, du Moyen Âge au XVIIIe siècle*, Paris, PUF, 1996.

Filmographie

Les Aventures de Marco Polo, film américain d'A. Moyo, avec Gary Cooper. Réalisation : 1938.

Marco Polo, film franco-italien de H. Fregonese, avec Rory Calhoun, Yoko Tani, Pierre Cressoy. Réalisation : 1962.

La Fabuleuse Aventure de Marco Polo, *L'échiquier*, film franco-italien de D. de La Patellière et N. Howard, avec Horst Buchholz, Anthony Quinn, Omar Sharif, Orson Welles, Robert Hossein. Réalisation : 1965.

Marco Polo, film italien de G. Montaldo, avec Franco Cristaldi. Réalisation : 1981.

Table

727

Composition PCA
Achevé d'imprimer en Italie par ⚞ Grafica Veneta
en janvier 2014 pour le compte de E.J.L.
87, quai Panhard-et-Levassor, 75013 Paris
1er dépôt légal dans la collection : août 2005
EAN 9782290348437

Diffusion France et étranger : Flammarion